ZEICHEN DER HOFFNUNG

ZEICHEN
— DER —
HOFFNUNG

EIN ERSTAUNLICHES BUCH ÜBER
DIE AKTUELLEN EREIGNISSE

ALEJANDRO BULLÓN

Zeichen der Hoffnung

Titel der spanischen Originalausgabe: Senales de Esperanza (2. Auflage 2008)
© 2008 Asociación Casa Editora Sudamericana
Titel der englischen Ausgabe: Signs of Hope
© 2008 Review and Herald Publishing Association

Projektleitung: Markus Kutzschbach
Übersetzung: Nadja Mittermaier
Korrektorat: Sandra Mroczek
Sprachliche Bearbeitung: Johannes Kovar
Lektorat: Harmen Biró
Titelfoto: ©iStockphoto.com/Beeldphoto
Layout: Simon Eitzenberger, www.desim.de

Die Bibelzitate sind – falls nichts anderes vermerkt ist – der Bibel nach der Übersetzung Martin Luthers (revidierter Text 1984), durchgesehene Ausgabe in neuer Rechtschreibung, © 1999 Deutsche Bibelgesellschaft, Stuttgart, entnommen.

Copyright © 2014 ABC Medien e.U., St. Peter (für den deutschen Text)
Copyright © 2014 TOP LIFE Wegweiser-Verlag GmbH, Wien

Verlagsarchiv-Nr.: 070414
ISBN Nr.: 978-3-903002-01-2

Zu beziehen bei:
Adventist Book Center   www.adventistbookcenter.at
Top Life-Wegweiser Verlag   www.toplife-center.com

Das Werk ist einschließlich aller seiner Teile urheberrechtlich geschützt. Jede Verwertung außerhalb der engen Grenzen des Urheberrechtsgesetzes ist ohne Zustimmung des Verlags unzulässig und strafbar. Das gilt insbesondere für Vervielfältigungen, Übersetzungen, Mikroverfilmungen und die Verarbeitung in elektronischen Systemen.

Alle Rechte vorbehalten.

INHALTSVERZEICHNIS

VORWORT
S. 9

KAPITEL 1
Eine grundlegende Frage
S. 17

KAPITEL 2
Kriegszeiten
S. 25

KAPITEL 3
Eine gefälschte Botschaft
S. 39

KAPITEL 4
Eine Welt ohne Gott
S. 55

KAPITEL 5
Die Rebellion der Natur
S. 77

INHALTSVERZEICHNIS

―――

KAPITEL 6
Eine herzlose Gesellschaft
S. 91

KAPITEL 7
Eine erotisierte Generation
S. 103

KAPITEL 8
Wirtschaftskrise
S. 117

KAPITEL 9
Zeichen des Endes
S. 131

KAPITEL 10
Eine seltsame Verfolgung
S. 143

KAPITEL 11
Hoffnung am Horizont
S. 161

VORWORT

„Und er sagte ihnen ein Gleichnis: Seht den Feigenbaum und alle Bäume an: wenn sie jetzt ausschlagen und ihr seht es, so wisst ihr selber, dass jetzt der Sommer nahe ist. So auch ihr: wenn ihr seht, dass dies alles geschieht, so wisst, dass das Reich Gottes nahe ist."

Lukas 21,29-31

Dunkle Hautfarbe, weißes Haupthaar, weißer Bart, ruhiger Gesichtsausdruck und langsamer Gang. Dieser 70-jährige Mann sieht wie ein liebevoller Großvater aus, der seinen Enkelkindern ein Geschenk bringt. Das würde jedenfalls jeder denken, der ihn in seinem dunklen Anzug und mit seinem schwarzen Lederkoffer in der rechten Hand durch die Straßen der Stadt gehen sieht.

Der Eindruck täuscht. Der alte Mann hat kein Geschenk dabei. Der schwarze Lederkoffer birgt eine Bombe in Form einer Nachricht. Eine Botschaft, die die Weltöffentlichkeit aufrütteln und unterschiedlichste Reaktionen hervorrufen wird.

Bei ihrer Verbreitung um den Erdball werden viele Menschen denken, dass der alte Mann ein Spinner ist. Andere werden glauben, dass dieser Mann mit dem schwarzen Koffer lediglich Aufmerksamkeit erregen möchte. Schließlich und endlich muss eine öffentliche Person immer von sich reden machen. Über Nachrichten gewinnen öffentliche Personen an Beliebtheit, über die Medien wird ein Politiker bekannt. Ernie Chambers, parteiloser Senator des US-Bundesstaates Nebraska, ist ein respektloser alter Politiker und Polemiker.

14. September 2007; 10:30 Uhr.

Senator Chambers betritt das Gericht im Bezirk Douglas. Er erstattet Strafanzeige gegen Gott. Er verlangt von Gott, dass er damit aufhört, so viel Leid auf dieser Welt zu verursachen.

Während des Prozesses klagt der afroamerikanische Anwalt, der seinen Beruf nie ausgeübt hat, Gott an. Es wird Gott zur Last gelegt, der Verursacher aller verheerenden Überschwemmungen, Erdbeben, Orkane, Plagen, Seuchen, Terroranschläge, Hungersnöte, Völkermorde und anderer globaler Katastrophen zu sein, die die Menschheit in Angst und Schrecken versetzen.[1]

Das juristische Verfahren, das Chambers gegen Gott eröffnete, so aussichtslos es auch sein mag, macht jedoch zweierlei klar.

Erstens, die Respektlosigkeit des modernen und typischerweise ungläubigen Menschen gegenüber Gott.

Zweitens, die Angst der Menschen vor den schrecklichen Ereignissen, die vor ihren Augen geschehen.

These: Etwas Seltsames geht auf unserem Planeten vor und viele sind dafür blind, da sie bewusst die Augen verschließen. Die steigende Häufigkeit von Naturkata-

---

1 *USA Today*, 14. September 2007.

strophen ist nicht normal. Innerhalb von Sekunden werden ganze Städte von der Landkarte radiert. Tausende Menschen verlieren ihr Leben.

Sollte die globale Erwärmung in gleichem Tempo fortschreiten, könnte einem Bericht des Weltklimarates der Vereinten Nationen (IPCC) zufolge bis zum Jahr 2050 etwa ein Viertel aller Pflanzen- und Tierarten unseres Planeten vernichtet sein.[2]

Der Mensch muss sich angesichts solcher Informationen Sorgen machen. Die juristische Aktion des Senators mag lächerlich erscheinen, was den Adressaten betrifft; was jedoch die Besorgnis angeht, ist sie nachvollziehbar.

Die Vorhersagen über Wetterphänomene, die die Sicherheit der Erde bedrohen, werden immer erschreckender und pessimistischer. Etwas scheint außer Kontrolle geraten zu sein. Es handelt sich nicht um Panikmache. Etwas naht, das sich der menschlichen Kontrolle entzieht.

Wie könnte man sonst eine Erklärung für so viele Naturkatastrophen, so viel Leid und Verzweiflung finden? Was soll man schließlich über Dutzende Überschwemmungen, Erdbeben, Brände, Vulkane, die nach Jahren der Ruhe ausbrechen, oder Orkane denken? Aus einer Mischung aus Blut und Tränen entsteht vor den Augen des Menschen ein Bild des Terrors, der Verwüstung und des Todes.

---

[2] *Climate Change, 1995: The Science of Climate Change: Contribution of Working Group I to the Second Assessment Report of the Intergovernmental Panel on Climate Change* (Cambridge: Cambridge University Press, 1996).

VORWORT

Auf der anderen Seite ist die existenzielle Verwirrung, an der der Mensch leidet, auch nicht normal. Er ist durcheinander und begeht Dummheiten. Wie könnte man sonst erklären, dass Menschen Leben und Träume gnadenlos zerstören? Warum ist der Mensch – das intelligenteste aller Lebewesen – in der Lage, Grausamkeiten zu begehen, wie ein knapp 5-jähriges Kind an ein Auto zu binden und zu Tode zu schleifen oder unschuldige Kinder zu entführen, um sie sexuell zu missbrauchen und ihre Fotos an die perverse Welt der Pornografie zu verkaufen? Was versteckt der moderne Mensch in der Undurchdringlichkeit seines Gehirns? Warum ist er manchmal mitfühlend und solidarisch und manchmal wild und grausam?

Wenn ein junger Student, in der Blüte seines Lebens, wahllos auf seine Kommilitonen schießt, viele von ihnen tötet und anschließend seinem eigenen Leben ein Ende setzt, müssen wir anfangen, die Zeit zu hinterfragen, in der wir leben. Irgendetwas läuft in den Tiefen des menschlichen Herzens schief. Der Lebenszug ist entgleist. Er fährt gefährlich schnell und führerlos dahin.

Was bringt junge Menschen dazu, durch den Drogenkonsum Milliarden Dollar in Umlauf zu bringen und so Geld in Hunderte andere Geschäfte der Unterwelt des Verbrechens zu pumpen? Was suchen diese jungen Menschen so verzweifelt und finden es doch nicht? Warum zerstören sie sich selbst?

Dieses Buch versucht, einen Blick hinter die Kulissen zu gewähren. Alle sinnlosen Aktionen des Menschen haben eine Erklärung. Auf den ersten Blick bleiben sie verborgen, aber sie haben ihre Daseinsberechtigung.

VORWORT

Das Chaos einer Natur, die verrücktspielt, die perversen Taten der Menschen selbst, wahnsinnige sinnlose Kriege, der Hunger und vieles mehr sind nur der sichtbare Teil im Szenario der Ereignisse. Hinter den Kulissen dieser Geschehnisse nähert sich uns jedoch etwas – unerbittlich, leise, mit festem Schritt. Der einfache Zuschauer verkennt es, es wurde jedoch schon vor vielen Jahrhunderten in einem Buch aufgezeichnet.

Jesus sagte: „Am Feigenbaum lernt ein Gleichnis: Wenn seine Zweige jetzt saftig werden und Blätter treiben, so wisst ihr, dass der Sommer nahe ist. Ebenso auch: Wenn ihr das alles seht, so wisst, dass er nahe vor der Tür ist." (Matthäus 24,32.33)

Wer ist nahe? Wen meinte Jesus, als er diese Worte sprach? Die Antwort auf diese Fragen kann den Lauf der Geschichte ändern. Deiner Geschichte. Deiner Kämpfe, Dramen und Tragödien. Der Geschichte und des Schicksals der Menschen, die du am meisten liebst. Den Lauf der Geschichte eines Jahrtausende alten, seltsamen und transzendentalen Konflikts. Dieses Buch wird dir Aufschluss darüber geben.

**DIE ENTSCHEIDUNG
LIEGT BEI DIR**

KAPITEL 1

Eine grundlegende Frage

„Und als er auf dem Ölberge saß, traten seine Jünger zu ihm und sprachen, als sie allein waren: Sage uns, wann wird das geschehen? Und was wird das Zeichen sein für dein Kommen und für das Ende der Welt?"

Matthäus 24,3

Der Höhepunkt nähert sich. Die entscheidende Stunde, in der sich Liebe und Schmerz vereinen werden. Der Augenblick des höchsten Opfers, der unermesslichen Auslieferung.

Der König der Könige und Herr der Herren, Schöpfer des Universums und uneingeschränkter Herrscher des Himmels und der Erde, wird in die tiefsten Abgründe der Demütigung hinabsteigen. Er wird wie ein Ausgestoßener an ein Kreuz genagelt; eine Strafe, die für die schlimmsten Verbrecher vorgesehen ist. Auf diese Weise wird er den Preis für die Erlösung der Menschheit bezahlen. Er wird mit seinem Blut bezahlen. Er wird den Menschen von der Macht des Todes befreien und ihn in die Dimension des ewigen Lebens bringen.

Der Countdown der Gnade hat begonnen. Eine dichte Wolke von Traurigkeit und Schmerz bewegt sich auf die Jünger zu wie ein Vorzeichen des Todes. Aber sie nehmen gar nicht wahr, was sich gerade ereignet. Vielleicht sind die Jünger zu menschlich gesinnt, um geistliche Anliegen erfassen zu können. Der Meister jedoch ist sich der Feierlichkeit der Stunde bewusst. In wenigen Stunden werden sie von Angst, Verzweiflung und Einsamkeit übermannt werden, und er möchte nicht, dass sie leiden. Er liebt sie mit unermesslicher und unfassbarer Liebe. Er liebt sie bis in den Tod.

Der biblische Bericht sagt uns: „Und Jesus ging aus dem Tempel fort und seine Jünger traten zu ihm und zeigten ihm die Gebäude des Tempels." (Matthäus 24,1) Im Markus-Evangelium wird darüber berichtet, wie einer seiner Jünger zu ihm sprach: „Meister, siehe, was für Steine und was für Bauten!" (Markus 13,1) Die entscheidende Stunde naht, das ewige Schicksal der Menschheit wird sich in wenigen Stunden entscheiden, und die Jünger sorgen sich nur um das Materielle: den Tempel.

Der Mensch ist fasziniert vom Glanz der Dinge, die er berühren kann, und zweifelsohne stellte der Tempel mit seinen gewaltigen Marmorblöcken, dem Gold der Verzierungen in seinem Inneren und den riesigen Säulen ein glanzvolles und beeindruckendes Bauwerk dar, das zum Ansehen, Bewundern und Berühren einlud.

Über 2000 Jahre sind seitdem vergangen, und wir sind immer noch fasziniert von den Dingen, die wir mit unseren eigenen Sinnen erfassen können. Es fällt uns schwer, die geistliche Dimension des Lebens zu verstehen. Wir nähern uns der glanzvollsten Stunde der Erde, aber wir sind unfähig, die Bedeutung und Wichtigkeit der Zeit, in der wir leben, zu erfassen. Die Nähe des glorreichsten Ereignisses aller Zeiten scheint sich im Dämmerlicht unseres Menschseins zu verlieren. Wir nehmen sie nicht wahr. Unsere Aufmerksamkeit konzentriert sich auf Dinge, die wir mit unserem menschlichen Auge betrachten können: Kriege, Gewalt, Erdbeben, Wirbelstürme, die globale Erwärmung, soziale Konflikte, Ungerechtigkeiten. Sonst nichts. Wir wissen nicht, was hinter den Ereignissen steckt. Uns entgeht der wesentliche Teil der Geschehnisse.

Wir suchen nach vergänglichen und menschlichen Lösungen gegen die Finsternis, die sich unseres Planeten bemächtigt. Wir wissen nicht, dass in wenigen Stunden die Sonne eines ewigen Tages aufgehen wird. Jesu Antwort an seine Jünger damals macht sie ratlos: „Wahrlich, ich sage euch: Es wird hier nicht ein Stein auf dem anderen bleiben, der nicht zerbrochen werde." (Matthäus 24,2) Der Meister spricht von Zerstörung. Um die Werte des Geistes aufzurichten, müssen zuerst die Werte des Fleisches zerstört werden. Der Beginn der Herrschaft des Lebens verlangt das Ende der Herrschaft des Todes.

Die Jünger spüren die durchschlagende Wirkung der Worte des Meisters und beginnen darüber nachzudenken. Sollte dieser wunderbare Tempel eines Tages zerstört werden, wäre dies nur im Rahmen der Wiederkunft Christi und der daraus resultierenden Zerstörung der Welt möglich. Dieser Gedanke ist schmerzlich für sie. Sie können ihren Kummer kaum in Worte fassen. Alle ihre Hoffnungen stehen in Verbindung mit dem Ruhm und Glanz dieses Tempels. Sie träumen davon, vom römischen Joch frei zu werden. Seit vielen Generationen haben sie auf den Messias gewartet. Wie kann Jesus jetzt von der Zerstörung des Tempels sprechen? Der Weg von Jerusalem zum Ölberg ist ein Weg mit dem Beigeschmack der Niederlage. Sie haben alles aufgegeben, um Jesus nachzufolgen. Sie haben ihn als Herrn des Lebens angenommen. Doch Jesus spricht mit ihnen über Tod und Zerstörung. So sehr sie sich auch anstrengen, sie können es nicht begreifen.

An jenem finsteren Nachmittag wandern sie ins Kidrontal hinab, als stiegen sie ins Herz der Erde. Es ist eine schweigsame und traurige Prozession. Die Jünger sind durch die Worte Jesu beunruhigt, doch es fehlt ihnen der Mut, Jesus auf dem Weg Fragen zu stellen.

Vom Kidrontal gehen sie den Ölberg hinauf. Sie sind immer noch traurig und besorgt. Etwas später, auf dem Ölberg angelangt, kommen sie nochmals auf das Thema der Zerstörung des Tempels zu sprechen. Sie öffnen Jesus ihre Herzen: „Sage uns, wann wird das geschehen? Und was wird das Zeichen sein für dein Kommen und für das Ende der Welt?" (Matthäus 24,3)

Dann malt der Herr Jesus ein Bild, das die Situation beschreibt, die seiner Wiederkunft vorausgehen wird. Er spricht über Kriege und Kriegsgeschrei, Erdbeben, falsche Christusse, Verfolgung, Hungersnöte und Katastrophen jeglicher Art.

Jesus hat eine besondere Botschaft für die Jünger. Die Jünger werden Zeugen der römischen Wut sein, die den Tempel zerstören wird. Einige Zeichen in Matthäus 24 beziehen sich auf die Ereignisse vor der Zerstörung des

Tempels. Andere Zeichen jedoch kündigen an, was vor dem Ende der Welt geschehen wird.

Die Menschheit muss heute dringend erfahren, welche Botschaft sich eigentlich hinter den erschreckenden Ereignissen unserer Zeit verbirgt. Nichts geschieht zufällig. Alles wurde in der Heiligen Schrift festgeschrieben und angekündigt. Die Zeichen der Wiederkunft Christi, wie sie in der Bibel dargestellt werden, sind eine getreue Beschreibung dessen, was heute geschieht: Hier wird die heutige Welt nachgezeichnet mit ihren ständigen Kämpfen gegen den Irrsinn der Menschen und gegen die wahnsinnige Raserei einer Natur, die die Aggressionen des Menschen nicht länger erträgt, und sich wie ein Wildpferd aufbäumt, wenn man es zu zähmen versucht.

Im Folgenden werde ich einige aktuelle Ereignisse beschreiben – Ereignisse, die sich häufen werden, je näher wir dem Ende kommen. Es ist eine Botschaft von großer Dringlichkeit. Diese Dringlichkeit wird aus der Gefahr geboren. Aber es ist auch eine Botschaft der Hoffnung. Die Hoffnung auf einen neuen Tag und eine neue Welt.

Wenn wir beobachten, was um uns herum geschieht, stellen wir fest, dass es auf unserem Planeten bereits Nacht geworden ist. Tiefe Nacht. Dunkle Nacht. Die Finsternis, die uns umgibt, erschreckt uns, aber sie ist der Beweis dafür, dass der König bald wiederkommt. Wir brauchen uns nicht zu fürchten. Nach der Nacht kommt immer ein neuer Tag. Je tiefer die Finsternis, desto näher ist der neue Tag.

Aus eigener Erfahrung weiß ich, wie wertvoll es ist, eine Hoffnung zu haben. Ich brauchte sie eines Nachts, als ich mich im Urwald verlaufen hatte. Ich klammerte mich an sie, wie man sich an ein Stück Holz in stürmischer See klammert. Ich war den ganzen Tag lang gelaufen und hatte keine Kraft mehr. Der Indianer, der mich begleitete, war der Meinung, es wäre besser, am Ufer eines Flusses zu übernachten.

„Morgen ist ein neuer Tag", sagte er, „und Sie werden sich besser fühlen; es lohnt sich nicht, in der Dunkelheit weiterzugehen."

Wir machten Halt. Die Nacht kam mit ihren seltsamen Geräuschen über uns. Ich spürte förmlich die Dunkelheit in meinen Augen, in der Luft, die ich einatmete, wie sie meine Haut berührte, und versuchte, mich einzuschüchtern. Es gibt Nächte im Leben, die sind so undurchdringlich, so finster, so traurig, Nächte der Seele. Nächte des Urwalds. Nächte, die den Eindruck erwecken, ewig zu dauern. Jene Nacht war solch eine Nacht. Ich konnte nicht schlafen. Die Dunkelheit störte mich, ihre Geräusche beunruhigten mich, ihre Intensität plagte mich. Ich habe die Nacht beobachtet. Ich erlebte sie als souveräne, angsteinflößende Herrin und Gebieterin der Situation. Es muss gegen vier oder fünf Uhr gewesen sein, als ich den Führer fragte: „Wird die Nacht gerade noch dunkler oder bilde ich mir das nur ein?"

„Sie bilden es sich nicht ein. Die Nacht ist tatsächlich dunkler geworden, aber machen Sie sich keine Sorgen, das bedeutet, dass jeden Augenblick die Sonne aufgehen wird."

Zehn Minuten später ging die Sonne auf. Ihre goldenen Strahlen lachten mich aus der Ferne an. Ich konnte wieder ihr Licht, ihren Glanz, ihr Leben genießen. Ich war in Sicherheit. Ein neuer Tag war angebrochen.

Die Nacht dieser Welt wird immer dunkler. Schmerz, Traurigkeit und Tod umgeben uns. Um uns herum gibt es Ungerechtigkeit, Elend und Hunger. Manchmal scheint alles verloren zu sein. Aber das stimmt nicht. Die Nacht dieser Welt wird bald zu Ende sein. Die Sonne eines neuen Tages geht bereits am Horizont auf. Der Herr Jesus kommt, um dich zu holen.

„Komm zu mir", sagt er mit sanfter Stimme. „Vertrau mir, um die Stunden der Dunkelheit, die noch verbleiben, zu durchwandern."

Was wirst du tun? Wirst du seine Einladung annehmen?

Die Entscheidung liegt bei dir.

KAPITEL 2

Kriegszeiten

„Wenn ihr aber hören werdet von Kriegen und Kriegsgeschrei, so fürchtet euch nicht. Es muss so geschehen. Aber das Ende ist noch nicht da. Denn es wird sich ein Volk gegen das andere erheben und ein Königreich gegen das andere ... Das ist der Anfang der Wehen."

Markus 13,7.8

Mit schrecklicher Angst schaut der Junge den Mann mit der schwarzen Kapuze an. Panik erfüllt ihn angesichts der Waffe, die auf seinen Kopf gerichtet ist. Er zittert. Er wagt nicht, die Augen auf die Flasche mit der gelben Flüssigkeit zu richten, die er in seiner linken Hand hält. Verzweiflung packt ihn und er weint.

„Trink das, oder ich bringe dich um!"

Die Stimme des groß gewachsenen Mannes ohne Gesicht klingt bedrohlich. Ivan bleibt nichts anderes übrig als zu tun, was der Mann verlangt. Er trinkt seinen eigenen Urin. Wie kann man die richtigen Worte finden, um dieses Bild zu beschreiben? Was kann man tun, wenn sich das, was man vor Augen hat, wegen der übertriebenen Grausamkeit nicht beschreiben lässt?

Das treffende Wort, um diese Szene zu benennen, wäre Schmach, vielleicht Schande oder Elend. Das, was an jenem Tag im geheimsten Winkel der menschlichen Seele vor sich ging, kann kaum in Worte gefasst werden. Es gibt hierfür zu viele oder zu wenige Worte, ich weiß es nicht. Es ist besser so zu tun, als ob es nie geschehen wäre. Vielleicht schämen wir uns zu sagen, dass wir Menschen sind, und gewöhnen uns an den Gedanken, dass wir Tiere geworden sind.

Alles geschieht an einem Mittwoch, einem 1. September. Die riesige Wanduhr des Hauptgebäudes der Grundschule zeigt 9:40 Uhr an. Es ist ein gewöhnlicher Spätsommermorgen. Draußen scheint die Sonne und die Luft ist mit Freude erfüllt. Im Schulgebäude bereiten sich Schüler, Lehrer und Eltern auf den Beginn des Festprogramms mit dem Namen „Tag des Wissens" vor.

Plötzlich vernimmt man Schüsse und Befehle. Es hagelt überall Obszönitäten, Drohungen und Schläge. Binnen weniger Sekunden bringen 32 bis an die Zähne bewaffnete Männer und Frauen die Schule in ihre Gewalt. Ihre Gesichter sind mit schwarzen Kapuzen verdeckt, doch aus ihren Augen blitzt der Hass. Wenige Minuten später haben sie 1 300 Geiseln in ihrer Gewalt.[1]

Die Angreifer sperren die Geiseln in die Turnhalle der Schule und verteilen eine gewaltige Menge an Sprengstoff, um sich im Falle eines Überraschungsangriffs verteidigen zu können. Die Spezialeinsatzkräfte des

---

1 José Eduardo Varela, „O masacre dos inocentes", *Magazin VEJA*, Ausgabe Nr. 1870 (12. Sept. 2004).

KRIEGSZEITEN

Heeres umstellen die Schule. Sie bereiten sich darauf vor, bei der ersten Unachtsamkeit seitens der Terroristen in die Schule einzudringen. So beginnen drei Horror-Tage. Die Geiseln werden es niemals vergessen können, und die Menschheit wird lange Zeit unter dem Vorfall leiden wie an einer offenen Wunde. Es ist Krieg. Jesus hatte es bereits gesagt: „Ihr werdet hören von Kriegen und Kriegsgeschrei." (Matthäus 24,6) Das sollte eines der Zeichen sein, die seine Wiederkunft ankündigen.

Zu Beginn stellen die Geiselnehmer keinerlei Forderungen. Sie erschießen 15–20 Männer und drohen, für jeden durch die Sicherheitskräfte getöteten Geiselnehmer 50 Geiseln und für jeden verletzten Geiselnehmer zwanzig Geiseln umzubringen. In den Worten des Chefs des Angriffskommandos kann man Bitterkeit und Groll erkennen. Den Medien erklärt er, dass er den Kindern weder Essen noch Trinken geben wird. Einige Schüler werden später erzählen, dass sie von den Terroristen gezwungen worden seien, ihren eigenen Urin zu trinken.

Freitag, 3. September. Es ist heiß. Höllisch heiß. Die Kinder bekommen keine Luft mehr in der Turnhalle. Niemand ahnt etwas von der sich anbahnenden Tragödie. (In weniger als 120 Tagen nach diesem Ereignis erschüttert eine andere Tragödie katastrophalen Ausmaßes die Welt: der Killer-Tsunami, der ganze Städte von der Landkarte ausradieren und über 200 000 Menschenleben fordern wird.)

Allgemeine Anspannung herrscht in der Stadt, in der sich das Geiseldrama abspielt. Die Augen der gesamten Welt sind auf sie gerichtet, um den Ausgang des Angriffs auf diese wehrlosen Kinder mitzuverfolgen.

Plötzlich vernimmt man die Explosion einer Bombe gefolgt von verzweifelten Schreien. Die Kräfte des Sondereinsatzkommandos nutzen die Panik, um in das Gebäude einzudringen und die Lage unter ihre Kontrolle zu bringen. Es riecht nach Schießpulver, Blut und Tod. Die Luft, die man dort einatmet, ist erfüllt mit Angst, Verzweiflung und Schrecken. Die Geiselnahme endet. Die Bilanz: 376 Tote und 700 Verletzte.

Was ich hier beschreibe, ist nur ein sehr kleiner Teil einer ansteigenden Flut. Die weltweit herrschende Kriegsstimmung ist sehr viel stärker ausgeprägt. Das Blut unschuldiger Menschen wird überall vergossen. Horrorszenen, die viel schrecklicher anzusehen sind als die, die in Filmen gezeigt werden, spielen sich in verschiedenen Ländern ab – manchmal aus banalen Gründen. Die Welt lebt die Kultur des Krieges aus, und es geht nicht nur um die bewaffneten Auseinandersetzungen zwischen Ländern.

Die Menschen streiten auch untereinander und bringen sich wegen Nichtigkeiten gegenseitig um. Während ich diese Zeilen schreibe, wird in den Nachrichten über einen Überfall dreier Männer auf eine schwangere Frau berichtet. Den Angreifern zufolge hätten sie es eilig gehabt, und die Frau wäre ihnen nicht schnell genug aus dem Weg gegangen. Sie verloren wesentlich mehr Zeit damit, die wehrlose Frau zu attackieren, als wenn sie ein paar Sekunden gewartet hätten.

Solche Verhaltensweisen kann man überall und zu jeder Zeit beobachten. Der Mensch unserer Zeit hat sich schon daran gewöhnt, in einem Klima des Krieges zu leben. Einer der größten Kriege unserer Zeit hat bereits Tausende Menschenleben gekostet, das Leben unschuldiger Menschen. Sie hatten nichts mit den politischen Interessen der beteiligten Parteien und ihrer Auseinandersetzung zu tun. Am Anfang verfolgte die ganze Welt den Verlauf dieses Krieges mit einer gewissen Betroffenheit. Heute haben die Leute kein Interesse mehr daran, obwohl jeden Tag Todesfälle im zweistelligen Bereich zu beklagen sind. Dieser Krieg ist für uns alltäglich geworden.

In jenen Landstrichen oder an irgendeinem anderen Ort der Welt weiß niemand, wer gerade eine Bombe bei sich trägt. Der Feind ist überall. Er hat kein Gesicht. Es genügt, die andere Person zu sein. Die Behörden haben Angst. Die Menschen auch.

Als ich einmal mit dem Flugzeug auf Reisen war, sagte der Passagier, der neben mir saß:

„Gibt es denn etwa nicht Kriege, seitdem es Menschen auf der Welt gibt? Hat nicht Kain seinen Bruder Abel ohne Grund getötet? Haben die Nationen nicht immer im Krieg gelebt? Wie kann das ein Zeichen der Wiederkunft Christi sein?"

Das ist wahr. Nach dem Sündenfall hat der Mensch immer in einem Klima des Krieges gelebt. Es ist das Ergebnis seines eigenen, inneren Krieges, seiner Traurigkeit, seiner Abkehr von Gott. Trotzdem hat man in der Geschichte nie so viele Spannungen und so viel Gewalt erlebt wie heute. Es ist sozusagen die Vervielfachung des Krieges.

Vor einigen Jahrzehnten wurde die Welt von zwei Kriegen gigantischen Ausmaßes erschüttert. Sie wurden Weltkriege genannt. Bis zu jenem Zeitpunkt hatte es in der Geschichte der Menschheit nichts Vergleichbares gegeben. Beide Kriege waren verheerend. Der Erste Weltkrieg kostete 10 Millionen Menschen und der Zweite Weltkrieg 55 Millionen Menschen das Leben. Damals, im Jahr 1945, nach dem Abwurf der ersten Atombombe, behauptete William Ripley bei einer Radioübertragung aus Hiroshima: „Ich stehe an dem Ort, wo das Ende der Welt begonnen hat." Dennoch waren diese Kriege nicht das Zeichen des Weltendes. Jesus hatte gesagt: „Ihr werdet hören von Kriegen und Kriegsgeschrei; seht zu und erschreckt nicht. Denn das muss so geschehen; aber es ist noch nicht das Ende da." (Matthäus 24,6.7)

Das Klima des Krieges, in dem wir heutzutage leben, beschränkt sich nicht auf internationale Konflikte. Die internen Kämpfe höhlen die innere Struktur der Länder aus. Kriege auf internationaler Ebene werden zur Ausnahme. Nur drei der 56 registrierten, großen bewaffneten Konflikte des vergangenen Jahrzehnts waren Kriege zwischen verschiedenen Ländern. Bei den restlichen Konflikten handelt es sich um innere Kämpfe; selbst wenn bei 14 von ihnen ausländische Truppen intervenierten, um die eine oder andere Konfliktpartei zu unterstützen.[2]

Während in der ersten Hälfte des vergangenen Jahrhunderts die Kriege zwischen reichen Ländern vorherrschten, spielen sich die meisten der aktuellen Bürgerkriege in den ärmsten Ländern der Erde ab. Nati-

---

[2] Sigrun Mogedal, Außenministerin von Norwegen, *The Economics of Civil War* (dieses Dokument wurde bei der World Bank Conference on the Economics and Politics of Civil War in Oslo, Norwegen, im Jahr 2001 präsentiert).

onen, die gegen den Hunger kämpfen, verschwenden Geld und Energie mit Bruderkriegen.[3]

Von Experten durchgeführte Studien zeigen, dass es einen Zusammenhang zwischen bewaffneten Konflikten und dem Hunger auf der Welt gibt. Ein Problem führt zum anderen. Unser Planet wird gerade von einem gewaltigen Tornado verschluckt, aus dem es kein Entrinnen gibt. Naturkatastrophen und Kriege auf der einen Seite, die Bedrohung durch eine Rezession auf der anderen Seite, die Millionen Menschen in die Armut und den Hunger treibt. Und mittendrin ist der Mensch, der weder weiß, wohin er gehen noch was er machen soll. Das ist das Bild des Menschen im 21. Jahrhundert.[4]

Heutzutage leiden viele Länder unter inneren Konflikten (Guerillakriegen) zur Durchsetzung einer bestimmten Forderung. Diese Bruderkriege bringen Chaos in das Leben der Bewohner eines Landes. Von diesen sozialen Kämpfen sind Unschuldige am meisten betroffen. In der Regel spielen sich innere Konflikte in ländlichen Gebieten ab, dort wo der arme und schutzlose Bauer lebt.

Die Guerillakämpfer stören die Produktion von Nahrungsmitteln und lösen Hunger aus, indem sie die Felder, Viehherden und Nahrungsmittelreserven der Landbevölkerung plündern. Die ständigen örtlichen Bewegungen der Revolutionäre hindern die Bauern an der Arbeit und entmutigen sie. Sie unterbrechen

---

3 ibid.

4 FAO (Ernährungs- und Landwirtschaftsorganisation der UNO).

die Transportwege, auf denen die Landerzeugnisse verkauft werden.

Die jungen Menschen werden gezwungen, sich den Guerillatruppen anzuschließen. Sie wandern vom produzierenden Sektor ab und verlassen die Arbeiten, die ihnen Einkünfte bringen. Der Hunger nimmt folglich zu – aber oft erst zu einem viel späteren Zeitpunkt, nachdem die Gewalt schon nachgelassen hat. Was kann man in einem Land machen, in dem die Güter zerstört, die Menschen getötet oder verletzt worden sind, die Bevölkerung emigriert ist, um der Gefahr zu entfliehen, und in dem die Umweltschäden irreversibel sind?[5]

Noch viel schrecklicher sind die Minen, die auf den Feldern verteilt worden sind, die Menschen töten und verstümmeln, und die ihnen Jahre und jahrzehntelang den Mut rauben, ihre Felder wieder zu bestellen.

Während der ersten Zeit nach dem Zweiten Weltkrieg dachte man, dass die Welt nun Frieden haben würde. Die Rüstungsausgaben waren zurückgegangen und die Nationen träumten von einem besseren Morgen. Im Laufe dieser Jahre gingen die Rüstungsausgaben um 37 % zurück, und alle dachten, dass wir uns an der Schwelle einer Ära internationaler Eintracht befänden.[6]

---

[5] Seit 1989 kamen über 4 Millionen Menschen bei gewaltsamen Konflikten ums Leben. 37 Millionen Menschen mussten ihre Heimat als Flüchtlinge verlassen. Über 25 000 Menschen fallen jedes Jahr den Landminen zum Opfer. Die Landminen behindern auch den Wiederaufbau und die Entwicklung (Weltbank, 2000).

[6] Die Daten über die Militärausgaben und den Waffenhandel entstammen folgenden Quellen: *Conversion Survey* (Internationales Konversionszentrum Bonn); Jahresbericht 2001 SIPRI (Stockholmer internationales Friedensforschungsins-

Reine Illusion. Die Prophezeiung sagte, dass es noch schlimmer kommen würde: „Wenn sie sagen werden: Es ist Friede, es hat keine Gefahr –, dann wird sie das Verderben schnell überfallen …" (1. Thessalonicher 5,3) – und so war es auch.

Der Traum zerplatzte 1988. Von diesem Jahr an nahmen die Waffenkäufe seitens der Staaten wieder zu: 2 % im Jahr 1999, und 3 % im Jahr 2000. Heute erreicht man den skandalösen Betrag von 835 Milliarden Euro pro Jahr. Diese Zahl ist 15 Mal höher als das Volumen der internationalen humanitären Hilfe. Noch schlimmer – in den ärmsten Ländern der Welt wurde am meisten für Waffen ausgegeben.

Die Neubestellungen im Waffengeschäft sind in den letzten Jahren exponentiell angestiegen. Ironischerweise sind die fünf größten Waffenlieferanten ständige Mitglieder des UN-Sicherheitsrates. Kannst du dir vorstellen, dass wir auf diese Weise Frieden haben werden?[7]

„Ich merke nichts davon", sagte mir erst kürzlich ein junger Student.

Vielleicht spürst du es nicht, weil du in der Stadt lebst. Du bist eine andere Art von Gewalt gewohnt, die dir sehr wohl bewusst ist. Du hast Angst, du fürchtest dich, durch dunkle Orte zu fahren, wenn es Nacht wird. Es gibt Viertel in deiner eigenen Stadt, in die du

---

titut); The Military Balance 2001/2002 (Internationales Institut für Strategische Studien); Datenbank *World Military Expenditure and Arms* (US-amerikanische Kontollbehörde für Rüstung und Abrüstung).

7 Juan Carlos Casté, „Welternährungskonferenz", Rom 1974, www.catolicismo.com.br.

aus Vorsicht selbst am Tag nicht gehen würdest. Das bedeutet, dass die Gewalt in den Städten – dieser andere Krieg ohne Militäreinsatz – jeden Tag in der Erfahrung des Stadtmenschen gegenwärtig ist.

Wenn du der Meinung bist, dass es nur in den Ländern des Nahen Ostens oder in den schwer zugänglichen Bergen Kriege gibt, wo sich organisierte Guerillatruppen verstecken, täuschst du dich gewaltig. Es stimmt, dass im schlimmsten Krieg des frühen 21. Jahrhunderts, Angaben der WHO zufolge, seit Beginn der Kämpfe bereits 226 000 Menschen gestorben sind. Während der Invasion in ein anderes Land erreichte man eine Zahl von 11 405 Toten; Soldaten, Guerillakämpfer und zivile Opfer eingeschlossen. Aber in einem anderen großen Staat der Erde werden jedes Jahr in einem stillen Krieg 48 000 Menschen getötet.[8] Die organisierte Kriminalität war in der Lage, eine riesige Metropole zu lähmen und an einem einzigen Tag knapp 20 diensthabende Polizisten zu töten. Und niemand würde behaupten, dass es in diesem Land Krieg gibt. Dennoch werden die Landstraßen von Mafiabanden beherrscht, die Gütertransporte ausrauben; der Drogenhandel kontrolliert die Elendsviertel, die Mafia des Waffenhandels und der Schmuggelei übt Macht an den Landesgrenzen aus. Dies alles erzeugt Panik bei den Bürgern. Und dennoch befindet sich das Land nicht im Krieg.[9]

---

8 Violencia: O Qué fazer?", http://opiniaopublica.com.br/interna.php.

9 ibid.

Mit einem Durchschnitt von 500 Blitzentführungen im Monat (mehr als 16 Entführungen pro Tag) ist eine andere große Metropole eine der gefährlichsten Städte des Planeten. Das Geschäft mit den Entführungen macht in dieser Stadt 70 Millionen US-Dollar Umsatz im Jahr. Die Mittelschicht sieht sich gezwungen, Spezialpanzerungen für Autos zu verwenden, als ob es sich um eine gewöhnliche Sonderausstattung des Fahrzeugs handeln würde.[10]

Die gleiche Situation wiederholt sich in anderen Städten der Erde. Allein im Lauf eines Jahres fielen 4,2 Millionen Menschen dem Verbrechen in den Städten zum Opfer. Jede andere Metropole könnte ihre offenen Wunden und grausamen Statistiken offenlegen. Sie wären Klagen gegen eine groteske Wirklichkeit: die tägliche Gewalt, die man auf den Straßen erlebt.[11]

Die Worte Jesu erfüllen sich mit großer Genauigkeit. Kriege und Kriegsgeschrei. Verrückte, sinnlose Bruderkriege. Kriege, die in den Tiefen des menschlichen Herzens geboren werden. Mann und Frau bemühen sich erfolglos darum, zu begreifen, was ihnen zustößt.

1984 leitete ich eine Evangelisation im Nationalstadion von Lima. 40 000 Menschen füllten jeden Abend das Stadion. Menschen, die begierig waren, die Gute Nachricht des Evangeliums zu hören. Einen Monat später bekam ich einen Brief von einem militanten Mitglied

---

10 „Industria do Secuestro Asola America Latina", www.forumseguranca.org.br.

11 „Situación actual de la delincuencia en México", www.campusanuncios.com/detanuncio-91009X-situacion-actual-Madrid.html.

der Guerillabewegung, die meinem Volk so viel Leid gebracht hatte. Im Brief hieß es: „Ich war im Nationalstadion anwesend. Nicht dass mich interessiert hätte, worüber Sie dort sprechen würden. Ich war dort, um einen Auftrag zu erfüllen, den ich von meiner Gruppe erhalten hatte. Wir sind überall mit offenen Augen und Ohren anwesend. An jenem Tag ging ich zum Stadion, um eine Routine-Aufgabe zu erledigen. Ich bin kein schlechter Mensch. Ich bin einfach nur ein Träumer. Ich träume von einem freien Land, in dem die Kinder mit Hoffnung geboren werden und nicht zu einem Leben der Ausbeutung und des Elends verdammt sind. Leider muss man die etablierte Gesellschaft zerstören, um dieses Land neu aufbauen zu können. Ich war der Meinung, dass man dafür den Preis bezahlen müsse, und der Preis war das Vergießen des Blutes unschuldiger Menschen. Aber an jenem Abend hörte ich Sie über Jesus reden. Ich entdeckte, dass das ganze Blut, das vergossen werden sollte, um eine neue Gesellschaft zu errichten, bereits am Kreuz von Golgatha geflossen war. Aber was soll ich nun Ihrer Meinung nach mit der Erinnerung an meine Verbrechen anfangen? Was mache ich mit den Albträumen, die mich nachts quälen? Wie werde ich die Bilder von unschuldigen Menschen los, die mich auf Knien anflehten, sie nicht zu töten? Wohin soll ich mit meinem Schmerz, meiner Vergangenheit und der schrecklichen Last meiner Schuld gehen?"

Dies war seit jeher der verzweifelte Schrei des menschlichen Herzens. Was soll ich machen? Wohin soll ich gehen? Inmitten dieses Wirbels von Kämpfen und Leid lade ich dich ein, auf die sanfte Stimme Jesu zu hören: „Den Frieden lasse ich euch, nicht gebe ich euch, wie die Welt gibt. Euer Herz erschrecke nicht und fürchte sich nicht." (Johannes 14,27) In diesen Kriegszeiten, in denen wir leben, kann es keine freundlichere Einladung geben.

Wirst du die Einladung annehmen?

Die Entscheidung liegt bei dir.

KAPITEL 3

Eine gefälschte Botschaft

„Denn es werden falsche Christusse und falsche Propheten aufstehen und große Zeichen und Wunder tun, sodass sie, wenn es möglich wäre, auch die Auserwählten verführten."

Matthäus 24,24

Er bewegt sich mit einstudierten Gebärden. Er spricht mit Ironie und Dreistigkeit. Er trägt eine mit Brillanten besetzte Uhr. Er fährt mit Autos der Luxusklasse und bewohnt eine 7 Millionen Dollar teure Villa. Er behauptet von sich, die Wiedergeburt Christi zu sein, und wenn die Reporter ihn fragen, warum er teure Kleidung trage, während Jesus hier auf Erden mit einer alten Tunika und abgenutzten Sandalen bekleidet war, antwortet er: „In meinem ersten Leben war ich hier, um zu leiden und zu sterben. Nun bin ich zurückgekehrt, um zu herrschen."

Sein Name: José Luis de Jesús Miranda. Gebürtig aus Puerto Rico. Er hat an beiden Unterarmen die Zahl 666 eintätowiert. Er behauptet von sich, auch gleichzeitig der Antichrist zu sein. Der Grund hierfür sei, dass er nun eine andere Botschaft lehre als zu jener Zeit, als er der leidende Christus war. Seinen Aussagen zufolge sei er nun ein wiedergeborener und siegreicher König.[1]

Tausende Anhänger jubeln ihm in mehreren Ländern zu. Sie geben ihm enorme Geldsummen und behandeln ihn, als wäre er ein Gott. Wenn man sie interviewt, behaupten sie, er hätte sie von ihrer Schuld befreit. Er lehrt, dass es keine Sünde und nichts Böses mehr gäbe. Ihm zufolge hätte er bei seinem ersten Kommen den Preis der Sünde bezahlt und das Böse vernichtet. Seine Botschaft klingt angenehm in den Ohren des modernen Menschen.

Er ist nicht der Einzige. In einem Haus im Viertel von Boqueirão in Curitiba, Brasilien, schiebt sich ein roter Vorhang zur Seite und es erscheint – bekleidet mit einer weißen Tunika und einem roten Umhang, Dornenkrone auf dem Kopf und ein Holzzepter in der linken Hand – der ehemalige Gemüsehändler Luri Thais, 49 Jahre alt. Während er auf einem Thron sitzt, verkündet er mit gekünstelter Stimme: „Ich bin Inri Christus, der Sohn Gottes, die Wiedergeburt Jesu, der Weg, die Wahrheit und das Leben."[2]

Seit einigen Jahren pilgert Inri Christus durch die Welt. Er ist schon viel gereist. Er war in mehreren

---

[1] Pastor with 666 tattoo claims to be divine", www.cnn.com/2007/US/02/16/miami.preacher/.

[2] „Profetas ou malucos?", www.terra.com.br/istoe/politica/143729.htm.

Ländern. Er wurde aus England abgeschoben und in Frankreich aufgenommen. In den letzten Jahren hat er den Hauptsitz seiner Bewegung in Brasilia eingerichtet.

Er ist auch nicht der Letzte. In einer entfernten Ecke Sibiriens, in einer kleinen Stadt mit dem Namen „Wohnstätte des Sonnenaufgangs", behauptet ein ruhiger Mann in weißer Tunika, mit langem, braunem Haupthaar und schüchternem, geheimnisvollem und glückseligem Lächeln, der Christus zu sein, der wiedergekommen sei, um die Menschheit zu erretten. Er sagt es nicht allen, nur seinen Jüngern. Seine Anhänger gehen in die Tausende und beten ihn wie einen echten Gott an. Sie sehen in ihm die Wiedergeburt Jesu Christi. Sein richtiger Name lautet Sergej Torop, ehemaliger russischer Soldat. Er lässt sich Vissarion nennen, „der Spender neuen Lebens".

Kevin Sullivan, US-amerikanischer Journalist, veröffentlichte in der Washington Post ein Interview mit mehreren Jüngern Vissarions. Die Antworten überraschten ihn. Lula Derbina, zum Beispiel, war Übersetzerin für das internationale Rote Kreuz. Sie sah in ihm den neuen Meister, auf den sie ihr ganzes Leben lang schon gewartet hatte. „Ich glaube, er ist Jesus Christus. Ich weiß es, so wie ich weiß, dass ich gerade atme", bekundet sie.

Galina Oschepkowa, 54 Jahre alt, war erst vor Kurzem geschieden worden und hatte zwei Kinder, als ihr jemand das Video zeigte. Im Videofilm hörte sie Vissarion bekräftigen, dass er auf die Erde zurückgekehrt sei, weil die Menschen seine Worte und Lehren, die er ihnen vor zweitausend Jahren zurückgelassen hatte, vergessen hätten. „Ich spürte mein Herz kräftig schlagen und da wusste ich: ‚Das ist die Wahrheit, er ist es.' Er ist die zweite Menschwerdung Christi."[3]

Als Jesus die falschen Christusse als Zeichen seiner Wiederkunft erwähnte, meinte er sicherlich nicht nur diese folkloristischen Persönlichkeiten oder die vielen anderen, die in der Vergangenheit auftraten und in der Zukunft noch erscheinen würden.

Der Herr Jesus erwähnte auch falsche Propheten. Leute, die sich von Gott gesandt fühlen und den Menschen Sofortlösungen für ihre Probleme anbieten. Sie verkaufen Versprechungen von wundersamen Heilungen und finanziellem Wohlstand. Sie behaupten, dass nur diejenigen, die glauben, die Segnungen empfangen können, und dass man den Glauben an der Höhe der gespendeten Geldsumme messen könne. In den letzten Jahren sind immer mehr solcher „Propheten" aufgetreten. Sie erscheinen tagtäglich. Sie haben gelernt, sich des Radios und Fernsehens zu bedienen, um das Publikum zu erreichen. Sie haben regelrechte Finanzimperien aufgebaut.

Das Argument, das sie verwenden, um ihre Feststellungen zu unterstützen, ist das „Zeugnis" der Menschen, in deren Leben sich das Wunder vollzogen hat. Sie zitieren sogar die Bibel, um zu behaupten, dass niemand, der nicht den Geist Gottes in sich hat, diese Dinge tun würde (Johannes 3,2). Jesus beschrieb es folgendermaßen: „Es werden nicht alle, die zu mir sagen: Herr, Herr, in

---

[3] „Russian Orthodoxy and Religious Pluralism : Post-Soviet Challenges", www.cerc.unimelb.edu.au/publications/CERCWP012003.pdf.

das Himmelreich kommen, sondern die den Willen tun meines Vaters im Himmel. Es werden viele zu mir sagen an jenem Tage: Herr, Herr, haben wir nicht in deinem Namen geweissagt? Haben wir nicht in deinem Namen böse Geister ausgetrieben? Haben wir nicht in deinem Namen viele Wunder getan? Dann werde ich ihnen bekennen: Ich habe euch noch nie gekannt; weicht von mir, ihr Übeltäter!" (Matthäus 7,21–23)

Das ist unglaublich. Wie konnten Leute, die im Namen Jesu Zeichen und Wunder getan hatten, göttliche Missbilligung ernten? Der Text gibt die Antwort darauf: Sie taten nicht den Willen des Vaters. Sie handelten so, wie sie es für richtig befanden.

Auf gewisse Weise stellen alle diese Propheten und Personen, die von sich behaupten, Christus zu sein, eine Erfüllung der Prophetie dar. Doch bei dieser Angelegenheit geht es um mehr als nur getäuschte Menschen oder Profitjäger, die aus dem Glauben, dem Fanatismus oder der Ignoranz des Volkes Nutzen ziehen.

Als Jesus über falsche Christusse sprach, sagte er, dass diese „große Zeichen und Wunder tun, sodass sie, wenn es möglich wäre, auch die Auserwählten verführten." (Matthäus 24,24) Das ist ernst gemeint. Die Auserwählten – jene also, die die Einladung Gottes annehmen, von der Lüge und vom Irrtum abzurücken und nur aus der Wahrheit zu leben – würden nicht durch eine Wunderheilung verführt werden oder einfach weil jemand behauptet, der wiedergeborene Jesus zu sein.

Wenn aufgeklärte Menschen der Täuschung zum Opfer fallen werden, dann muss die Angelegenheit komplexer sein, als sie es sich vorstellen. Das Schlüsselwort hier ist „Täuschung". Den Aussagen Jesu zufolge wird in der letzten Zeit eine so gut durchdachte Täuschung vorbereitet werden, dass sie Millionen in ihren Bann ziehen wird. Wer wird sich hinter dieser Täuschung verstecken und wie wird es dazu kommen? Die Bibel enthält die nötige Information. Gott konnte die ehrlichen Menschen, die die Wahrheit finden wollen, nicht ohne Orientierung lassen.

Im Buch der Offenbarung wird uns erklärt, dass der Urheber der meisterhaften Täuschung der letzten Tage derselbe ist, der am Anfang durch Verführung und Lüge den dritten Teil der Engel aus dem Himmel mit sich riss. Der Apostel Johannes beschreibt das so: „Und es wurde hinausgeworfen der große Drache, die alte Schlange, die da heißt: Teufel und Satan, der die ganze Welt verführt, und er wurde auf die Erde geworfen, und seine Engel wurden mit ihm dahin geworfen." (Offenbarung 12,9)

Man beachte, dass eine der Eigenschaften dieser boshaften Persönlichkeit darin besteht, „die ganze Welt zu täuschen". Sein Spezialgebiet ist die Täuschung. Er zwingt die Menschen nicht, etwas zu tun, was sie selbst nicht tun möchten. Die Leute folgen ihm aus freien Stücken. Sie glauben, was er lehrt. Sie sind davon überzeugt, dass er recht hat. Diese Persönlichkeit bedient sich der Verführung und der Lüge, um die Menschenmassen dahin zu bringen, ihm freiwillig zu folgen. Der Herr Jesus beschrieb diesen Verführer als jemanden, der „… nicht in der Wahrheit steht; denn die Wahrheit ist nicht in ihm. Wenn er Lügen redet, so spricht er aus dem Eigenen; denn er ist ein Lügner und der Vater der Lüge." (Johannes 8,44)

EINE GEFÄLSCHTE BOTSCHAFT

Die letzte Schlacht vor Christi Wiederkunft, im Buch der Offenbarung „Harmagedon" genannt (Offenbarung 16,12–16), wird keine Schlacht mit Kanonen und Raketen sein. Sie wird auch kein Kampf zwischen Ost und West sein oder zwischen Sozialismus und Kapitalismus. Die letzte Schlacht der Menschheitsgeschichte wird ein Kampf zwischen Realität und Fiktion sein; Wahrheit gegen Lüge, Gut gegen Böse. Das Schlachtfeld wird das Herz des Menschen sein.

Dieser Feind, von Natur aus ein Lügner, wird in den letzten Tagen der Geschichte versuchen, die größtmögliche Anzahl von Menschen zu täuschen, sogar die umsichtigsten unter ihnen. Um dies zu erreichen, wird er sich natürlich nicht so zeigen, wie er wirklich ist. Würde er dies tun, würde ihm niemand glauben. Der Apostel Paulus sagt, dass der Feind getarnt kommen wird. „Und das ist auch kein Wunder; denn er selbst, der Satan, verstellt sich als Engel des Lichts." (2. Korinther 11,14) Wenn er sich zum „Engel des Lichts" verstellt, bedeutet das, dass er als eine spirituelle und religiöse Persönlichkeit auftreten wird, als Urheber von „Zeichen und Wundern". Andernfalls würden die „Auserwählten" nie seinen Täuschungen zum Opfer fallen.

Der Apostel Paulus beschreibt die Art und Weise, wie der Betrüger in den letzten Tagen handeln wird: „Was nun das Kommen unseres Herrn Jesus Christus angeht und unsere Vereinigung mit ihm, so bitten wir euch, liebe Brüder, dass ihr euch in eurem Sinn nicht so schnell wankend machen noch erschrecken lasst – weder durch eine Weissagung noch durch ein Wort oder einen Brief, die von uns sein sollen –, als sei der

Tag des Herrn schon da. Lasst euch von niemandem verführen, in keinerlei Weise; denn zuvor muss der Abfall kommen und der Mensch der Bosheit offenbart werden, der Sohn des Verderbens. Er ist der Widersacher, der sich erhebt über alles, was Gott oder Gottesdienst heißt, sodass er sich in den Tempel Gottes setzt und vorgibt, er sei Gott." (2. Thessalonicher 2,1–4)

Dies ist ein Schüsseltext für das Verständnis dieser Angelegenheit. Der Apostel Paulus stellt fest, dass vor Jesu Wiederkunft „... der Abfall kommen muss und der Mensch der Bosheit offenbart werden" muss (2. Thessalonicher 2,3). Wen meint der Apostel damit? Über welchen Abfall spricht er, und wann wird das geschehen?

Paulus selbst beschreibt noch weitere Eigenschaften des „Menschen der Bosheit". Er sagt: „Er ist der Widersacher, der sich erhebt über alles, was Gott oder Gottesdienst heißt." Er erhebt sich über Gott, aber auf merkwürdige Weise. Er ist der „Widersacher", aber er widersetzt sich nicht. Er spricht nicht gegen Gott, sondern tarnt sich und „gibt vor, Gott zu sein", „er setzt sich in den Tempel Gottes", als wäre er Gott. Aber er ist nicht Gott. Leider glauben ihm die Menschenmassen, folgen ihm und nehmen seine Lehre an. Und indem sie das tun, rebellieren sie logischerweise gegen Gott.

Kennst du heutzutage eine religiöse Autorität, die sich göttliche Macht anmaßt? Hast du jemals eine religiöse Institution gesehen, die vorgibt oder davon überzeugt ist, genügend Macht zu haben, um das, was in Gottes Wort steht, zu „ändern"? Das ist besorgniserregend. Wenn du Zeuge davon wirst, dass Menschen sich als alleinige Vertreter Gottes ausgeben, erfüllt sich vor deinen Augen ein Teil der biblischen Prophetie.

Jesus sagte, dass die Stunde seines Kommens nahe sein wird – „wenn ihr nun sehen werdet das Gräuelbild der Verwüstung stehen an der heiligen Stätte, wovon gesagt ist durch den Propheten Daniel – wer da liest, der merke auf!" (Matthäus 24,15) Der Satz „wer da liest, der merke auf" ist hervorgehoben, nicht alle werden verstehen. Es wird von der Einstellung des Menschen abhängen, mit der er nach der Wahrheit sucht. Gott offenbart sich nur denjenigen, die ihn mit ehrlichem und demütigem Herzen suchen.

Und von welchem „Gräuelbild der Verwüstung" hatte der Prophet Daniel gesprochen? Um es zu erfahren, müssen wir das Buch Daniel aufschlagen. Er erwähnte eine religiöse Macht, die „den Höchsten lästern wird und die Heiligen des Höchsten vernichten wird. Und sich unterstehen wird, Festzeiten und Gesetz zu ändern..." (Daniel 7,25) Eine Macht, die „bis an das Heer des Himmels wuchs ... Ja, es wuchs bis zum Fürsten des Heeres ... und warf die Wahrheit zu Boden. Und was es tat, gelang ihm." (Daniel 8,10–12)

Beachte, dass diese religiöse Macht zu einem bestimmten Zeitpunkt in der Geschichte versuchen würde, „Festzeiten und Gesetz zu ändern", und „die Wahrheit zu Boden werfen würde". Warum hasst sie die Wahrheit so sehr? Warum verbirgt sich hinter dieser Macht der Vater der Lüge? Mit der Wahrheit und der Lüge verhält es sich wie mit dem Licht und der Dunkelheit, sie können nicht nebeneinander bestehen. Gottes Feind würde ein falsches, lügnerisches Gesetz erfinden, um die Aufmerksamkeit der Menschen vom wahren Gesetz abzulenken.[4] Hierzu bedient er sich seiner liebsten Waffen: Täuschung und Verführung.

Täuschung ist das Schlüsselwort. Das Wörterbuch definiert Täuschung folgendermaßen: die Lüge als Wahrheit erscheinen lassen; andere dazu verleiten, einer Lüge zu glauben.

Täuschung führt Menschen in die Irre, sie führt auf Abwege. In Matthäus 24 spricht Jesus vier Mal eine Warnung gegen die Täuschung aus – vielleicht, weil in den letzten Tagen die Täuschung die mächtigste Waffe in den Händen des Feindes sein wird.

Der Apostel Paulus fährt mit der Erklärung des Menschen der Bosheit fort und sagt, dass seine Anhänger verloren gehen werden, „weil sie die Liebe zur Wahrheit nicht angenommen haben, um gerettet zu werden. Darum sendet ihnen Gott die Macht der Verführung, sodass sie der Lüge glauben, damit gerichtet werden alle, die der Wahrheit nicht glaubten." (2. Thessalonicher 2,10–12) Beachten wir die Bedeutung, die der Apostel der Wahrheit beimisst. Am Ende der Zeiten werden Menschen verloren gehen, weil sie „die Wahrheit nicht angenommen haben". Sie zogen es vor, der „Lüge zu glauben".

Hier sollte man sich einige Fragen stellen: Über welche Wahrheit spricht Paulus? Wo befindet sich diese Wahrheit? Jesus hat diese Frage vor vielen Jahr-

---

[4] Was im wahren, von Gottes eigenem Finger geschriebenen Gesetz, steht, kann man in 2. Mose 20,3–17 nachlesen.

hunderten beantwortet. Als er für seine Jünger betete, sagte er: „Heilige sie in der Wahrheit; dein Wort ist die Wahrheit." (Johannes 17,17)

Es gibt Augenblicke, in denen es nötig ist, innezuhalten und nachzudenken. Es kann schmerzhaft sein, sich der Wahrheit zu stellen, denn die Wahrheit ist immer eine Welt der Möglichkeiten, die ins Unbekannte führt – und das macht Angst. Aber hast du dir schon einmal überlegt, was geschehen wäre, wenn Newton nicht die Wahrheit hätte wissen wollen, als ihm ein Apfel auf den Kopf fiel? Was wäre geschehen, wenn Christoph Kolumbus nicht eines Tages entschieden hätte, Kurs auf das Unbekannte zu nehmen?

Die Bibel stellt fest, dass es in der Zeit vor der Wiederkunft Christi leider viele Menschen geben wird, die es vorziehen, Irrtümer zu glauben. Vielleicht ist das bequemer und weniger schmerzhaft. Manchmal handeln die Leute so wie ein Patient, der um seine Krebserkrankung weiß, dem es aber lieber ist, wenn der Arzt es ihm nicht sagt, in der Hoffnung, dass das Ignorieren der Wahrheit die Ernsthaftigkeit der Realität verringern könnte.

Der Apostel geht noch einen Schritt weiter. Er sagt, dass in den letzten Tagen, kurz vor der Wiederkunft Jesu, dieser Mensch der Bosheit die größte Täuschung, das Meisterwerk der Lüge realisieren wird: die Nachahmung der Wiederkunft Christi. Er drückt es wie folgt aus: „... und dann wird der Böse offenbart werden ... Der Böse aber wird in der Macht des Satans auftreten mit großer Kraft und lügenhaften Zeichen und Wundern und mit jeglicher Verführung zur Ungerechtigkeit bei denen, die verloren werden, weil sie die Liebe zur Wahrheit

nicht angenommen haben, dass sie gerettet würden."
(2. Thessalonicher 2,8–10) Weißt du, worüber hier gesprochen wird? Über eine Fälschung. Eine so gute Nachahmung der Wiederkunft Christi, dass sogar die Auserwählten getäuscht werden könnten.

Das Wort „auftreten" ist hier interessant. Paulus bezeichnet damit die lügenhafte Erscheinung des Bösen, aber es ist dasselbe griechische Wort, parousia, welches das Neue Testament verwendet, um sich auf die glorreiche Erscheinung Jesu Christi zu beziehen. Ist das reiner Zufall? Nein. Der Apostel verwendet absichtlich dieses Wort, um zu betonen, dass die durch den Menschen der Bosheit vorgegaukelte Nachahmung der Wiederkunft Christi fast perfekt sein wird. Der Böse hat alles mit akribischer Genauigkeit geplant. Er möchte damit erreichen, dass die große Masse seine Nachahmung für die echte Wiederkunft Jesu hält.

Diese Erscheinung wird das Meisterstück der satanischen Täuschung sein. Die Welt wird gerade darauf vorbereitet. Beobachten wir die Thematik der Filme, Bücher und elektronischen Spiele, die von Millionen von Menschen konsumiert werden. Wir leben in einer Kultur der Magie, des Übernatürlichen, des Außerirdischen. Viele Kinder halten diese Dinge für real. Beachten wir auf der anderen Seite die übersinnlichen Phänomene, die der Spiritismus bewirkt. Warum können die Menschen nicht an einen bösen Geist glauben, der als Christus verkleidet spektakuläre Dinge tut?

Beachten wir zwei weitere Gedanken des Textes. Der erste: Diese trügerische Erscheinung geschieht „in der Macht des Satans". Hinter dieser Fälschung steckt eine übernatürliche Macht. Es ist ein bösartiges Werk. Die Fälschung kann durch Zeichen und Wunder begleitet werden, aber sie ist trotzdem bösartig. Der Apostel Johannes sagte es schon, als er diese satanische Macht im Buch der Offenbarung beschrieb: „Und es tut große Zeichen, sodass es auch Feuer vom Himmel auf die Erde fallen lässt vor den Augen der Menschen; und es verführt, die auf Erden wohnen, durch die Zeichen, die zu tun vor den Augen des Tieres ihm Macht gegeben ist." (Offenbarung 13,13.14) Diese Macht täuscht „die auf Erden wohnen." Die Menschen ergeben sich angesichts der Zeichen und Wunder. Sie nehmen die Täuschung an, als handle es sich um eine göttliche Wahrheit.

Die Zeichen und Wunder sind nicht unbedingt der Beweis dafür, dass Gott hinter diesen „Wunderwerken" steckt. Jeder steht in der Gefahr, getäuscht zu werden und dem Bösen zu dienen, obwohl er meint, alles in Jesu Namen zu tun.

Der zweite Gedanke ist der, dass sich nur jene Menschen täuschen lassen, die die „Liebe zur Wahrheit" nicht hatten; die das Wort Gottes – aus Angst, aus Vorurteil, oder aus irgendeinem anderen Grund – ablehnten und nicht annehmen wollten. Sie weigerten sich, die Wahrheit anzunehmen. Die Wahrheit findet man nur im Worte Gottes.

Jesus warnte seine Jünger vor der Fälschung seiner Wiederkunft: „Wenn dann jemand zu euch sagen wird: Siehe, hier ist der Christus!, oder: Da!, so sollt ihr's nicht glauben … Siehe, ich habe es euch vorausgesagt. Wenn sie also zu euch sagen werden: Siehe, er ist … drinnen im Haus! So glaubt es nicht." (Matthäus 24,23–26)

In einem Gespräch, das ich vor Kurzem mit Armando Juárez hatte, einem in den USA lebenden mexikanischen Schriftsteller, sagte er zu mir: „Stell dir vor, was passieren würde, wenn eines Tages ein Raumschiff in einer großen Hauptstadt der Erde landen würde und alle Medien ihre Reporter hinschicken würden, um live darüber zu berichten, und vor den Augen aller Welt eine strahlende, spektakuläre und charismatische Persönlichkeit das Raumschiff verlassen und behaupten würde, der Christus zu sein? Wer würde es wagen, an seiner Echtheit zu zweifeln, wenn ihn doch alle sehen können, und alles wissenschaftlich bewiesen werden kann?"

Das einzige Mittel gegen die Täuschungen Satans ist die Kenntnis des Wortes Gottes. Jesus sagte: „Ihr werdet die Wahrheit erkennen, und die Wahrheit wird euch frei machen" (Johannes 8,32); aber wir leben in einer Zeit, in der die Menschen so gut wie nichts über die Wahrheit wissen. Sie kennen die Bibel nicht. Sie wissen nicht, was in der Heiligen Schrift steht. Der moderne Mensch geht lieber in die Buchhandlung und kauft sich Produkte der menschlichen Fantasie. Er glaubt lieber fantasiereichen Geschichten, bevor er sich die Mühe macht, die Lehren der Bibel zu studieren.

Der Herr Jesus Christus beschrieb für seine Jünger den Ablauf seiner Wiederkunft. Seine Beschreibung ist sonnenklar: „Denn wie der Blitz ausgeht vom Osten und leuchtet bis zum Westen, so wird auch das Kommen des Menschensohns sein." (Matthäus 24,27)

Beim Kommen Jesu wird es sich um ein Ereignis handeln, das für alle Welt sichtbar sein wird. Abermillionen von Menschen, die diesen Planeten bewohnen, werden seine glorreiche Wiederkunft betrachten können. „Und es werden ihn sehen alle Augen", sagt der Apostel Johannes (Offenbarung 1,7). Dann versucht er, mit menschlichen Worten zu beschreiben, was der Herr ihm in einer Vision zeigte: „Und ich sah den Himmel aufgetan; und siehe, ein weißes Pferd. Und der darauf saß, hieß: Treu und Wahrhaftig." (Offenbarung 19,11) Dieser Reiter ist Jesus, und die Bibel beschreibt ihn als „wahrhaftig". Er ist authentisch und echt. Der andere ist die Nachahmung, der Vater der Lüge, der Betrüger.

Johannes schreibt weiter: „Und seine Augen sind wie eine Feuerflamme, und auf seinem Haupt sind viele Kronen; und er trug einen Namen geschrieben, den niemand kannte als er selbst. Und sein Name ist: das Wort Gottes. Und ihm folgte das Heer des Himmels auf weißen Pferden, angetan mit weißem, reinem Leinen, ... und trägt einen Namen geschrieben auf seinem Gewand und auf seiner Hüfte: KÖNIG ALLER KÖNIGE, UND HERR ALLER HERREN." (Offenbarung 19, 12–16)

Das ist der glorreiche Augenblick der Menschheit. Jesus kehrt auf die Erde zurück, um unter die Geschichte der Sünde einen Schlussstrich zu ziehen. Kein Schmerz mehr, keine Tränen mehr. Der Tod wird uns nicht noch einmal einen lieben Menschen entreißen. Die Trübsal, die Tragödien und Dramen dieses Lebens gehen zu Ende.

Als kleiner Junge lief ich eines Tages aus Angst vor einer Strafe von zu Hause weg. Ich hatte etwas falsch gemacht, und ich wusste, dass ich es mit meiner Mutter zu tun bekommen würde. Ich lief, lief, lief und lief und dachte, dass wenn ich bis zum entferntesten Ort der Erde laufen würde, meine Mutter mich dort nicht finden würde. Ich lief in dem Glauben, dass ich mich dort am Horizont, wo Himmel und Erde sich begegnen, vor meinen eigenen Fehlern verstecken könnte. Ich hatte Angst anzuhalten. Ich lief, ohne zu wissen wohin, ich lief einfach nur. Die Sonne ging langsam hinter den Weizenfeldern meiner Heimat unter. Die Schatten der Nacht mischten sich mit meinen Ängsten und nahmen mich gefangen. Die furchteinflößenden Rufe der Eulen klangen wie unheimliche Lachsalven der Nacht. Ich war müde, mir war kalt und ich hatte Hunger. Ich kauerte mich auf der Türschwelle eines verlassenen Hauses zusammen und wurde von der Müdigkeit übermannt. Ich weiß nicht, wie lange ich geschlafen hatte. Ich weiß nur, dass ich aus dem Schlaf aufschrak. Jemand strich mir sanft über das Gesicht. Es war meine Mutter.

„Es ist schon gut, mein Kind", flüsterte sie mir zärtlich ins Ohr, „du bist schon zu weit gelaufen; es ist Zeit zurückzukehren. Gehen wir nach Hause."

Das ist die schönste Wahrheit aller Zeiten. Du bist auch schon zu weit gelaufen, du hast schon gelitten und geweint. Du hast dir schon im heißen Sand dieser Lebenswüste die Füße wund gelaufen. „Es ist schon gut, mein Kind", sagt dir Jesus. „Es ist Zeit zurückzukehren. Gehen wir nach Hause."

Wirst du die Einladung annehmen?

Die Entscheidung liegt bei dir.

KAPITEL 4

Eine Welt ohne Gott

―

„Denn obwohl sie von Gott wussten, haben sie ihn nicht als Gott gepriesen noch ihm gedankt, sondern sind dem Nichtigen verfallen in ihren Gedanken, und ihr unverständiges Herz ist verfinstert. Da sie sich für weise hielten, sind sie zu Narren geworden ... sie, die Gottes Wahrheit in Lüge verkehrt und das Geschöpf verehrt und ihm gedient haben statt dem Schöpfer."

Römer 1,21.22.25

August 1995. Die Sonne scheint unerbittlich auf New York. Es ist unerträglich heiß. Das Thermometer steigt auf mindestens 40 °C! Ich versuche, mich mit einer eiskalten Limonade in einem Bistro im Rockefeller Center zu erfrischen.

Ich bin im Herzen Manhattans. Mein Professor, ein Franzose, der in den USA geboren wurde, trinkt ein Bier. Wir hatten bis dahin nie die Gelegenheit gehabt, außerhalb der Vorlesungen miteinander zu sprechen. Es ist das erste Mal, dass wir uns über nicht-akademische Themen unterhalten. Er stellt Fragen zu meiner Person und möchte wissen, welchen Beruf ich ausübe. Als er meine Antwort hört, ändert sich seine nette Haltung. Er trinkt einen Schluck Bier, sieht mich so an, wie man ein schutzloses Kind ansehen würde, fast mitleidig, und fragt mit einem Lächeln:

„Ist es heutzutage möglich, an Gott zu glauben?"

Seine Stimme klingt ironisch. Ich lächle und trinke weiter an meiner Limonade.

Von nun an lenkt der Professor unser Gespräch, so oft er kann, auf religiöses Terrain. Er befindet sich nicht auf Sinnsuche. Er möchte mir nur beweisen, dass Gott nicht existiert. Ich lasse ihn sprechen. Zuhören ist eine tödliche Waffe für diese Art von Denkern. Aufmerksames Zuhören verunsichert und verwirrt sie; sie verirren sich im Wirrwarr ihrer Gedankengänge. Aus diesem Grund höre ich zu und lächle ihn an.

Das Gehirn dieses herausragenden, anscheinend erfolgreichen Mannes ist brillant und von Natur aus wissbegierig. Seine Fähigkeit zu argumentieren ist außergewöhnlich. Er wäre in der Lage, allen zu beweisen, dass es Nacht ist, obwohl die Sonne vom blauen Himmel herab scheint. So wie er die Dinge sieht, ist er selbst der Beweis dafür, dass man keinen Gott braucht.

Die Tage vergehen. Zeit ist das beste Mittel, um die Beständigkeit eines Konzepts zu analysieren. Einmal, während eines unserer letzten Gespräche, bietet er eine ganze Reihe von Argumenten gegen die Existenz Gottes auf. Für mich ist es reine Zeitverschwendung, weiter über dieses Thema zu diskutieren. Er besteht aber darauf. Im Stillen frage ich mich, was er damit bezweckt. Als ich sehe, dass er weiterspricht, unterbreche ich ihn: „Gut, Herr Professor", sage ich, „stellen wir uns vor, Sie hätten recht und es gibt keinen Gott. Stellen wir uns ebenfalls vor, Sie hätten einen Sohn, ein Einzelkind. Er ist 20 Jahre alt, in der Blüte seines Lebens. Ein Sohn, den Sie sehr lieben, und für den Sie im Notfall ihr Leben lassen würden. Zu Ihrem großen Unglück ist dieser Sohn drogenabhängig. Sie als Vater haben schon alles in Ihrer Macht Stehende getan, um ihm zu helfen. Sie haben die besten Spezialisten aufgesucht, ihn in die besten Entzugskliniken gebracht, Sie haben geweint, geschrien und Sie haben gelitten. Nichts und niemand ist in der Lage etwas zu tun, um ihn aus den Fängen der Sucht zu befreien, und Sie haben sich selbst soeben „bewiesen", dass es keinen Gott gibt. Sagen Sie mir dann, welche Hoffnung gibt es noch für Ihr Kind?"

Der Mann rutscht nervös auf dem braunen Ledersofa hin und her. Seine Augen haben einen feuchten Glanz. Es sind runde Augen mit normalerweise durchdringendem Blick. Dieses Mal sind es traurige Augen. Ich sehe Ergriffenheit in seinem Gesichtsausdruck. Leid und Schmerz, wer weiß? Ohne es beabsichtigt zu haben, habe ich eine offene Wunde in seinem Herzen berührt. Er steht einfach auf, nickt zum Abschied und geht weg. Während er geht, sehe ich, wie er sich diskret eine Träne abwischt, die sich nicht mehr zurückhalten lässt.

Am darauffolgenden Tag erfahre ich, dass er einen Sohn hat. Sein 20-jähriger einziger Sohn ist ein Wrack, durch Drogen zerstört. Ich beginne, seine rebellische Haltung zu verstehen, seinen seltsamen intellektuellen Stolz, sogar die Ironie seiner Fragen.

Einige Wochen später suche ich ihn auf, um mich von ihm zu verabschieden, bevor ich nach Brasilien zurückkehre. Er geht bis ins Erdgeschoss schweigend neben mir her. Dort umarmen wir uns. Wir wissen beide, dass unser Gespräch noch nicht beendet ist. Er ist gerührt. Er ringt um Worte, sie bleiben ihm im Halse stecken. Plötzlich schluckt er und flüstert mir ins Ohr:

„Pastor, Sie wissen, dass ich nicht an Gott glaube, aber Sie schon. Bitten Sie doch Ihren Gott, meinem Sohn zu helfen!"

Die Haltung dieses amerikanischen Professors tut mir weh. Es tut mir weh, ihn mit Tränen in den Augen zu sehen, ohnmächtig angesichts des Unglücks seines geliebten Sohnes, und dennoch unfähig, Gott als einzige Lösung für sein Drama anzuerkennen. Er ist das Abbild der Generation, die vor dem Kommen Jesu lebt. Der Apostel Paulus beschreibt sie wie folgt: „Denn obwohl sie von Gott wussten, haben sie ihn nicht als Gott gepriesen noch ihm gedankt, sondern sind dem Nichtigen verfallen in ihren Gedanken, und ihr unverständiges Herz ist verfinstert." (Römer 1,21)

Das Grundproblem der Menschen unserer Tage ist der Stolz. „Sie sind dem Nichtigen verfallen in ihren Gedanken", sagt der Apostel Paulus. Der spanische Journalist Francisco Umbral, der für die spanische Tageszeitung „El Mundo" schrieb, bestätigt die Aussage des Apostels. Kurz vor seinem Tod schrieb er Folgendes: „... Nietzsche und alle anderen, die wir kennen, schlossen mit der alten Welt ab und ordneten den Tod Gottes und die Einsamkeit des Menschen an. Dies ist das moderne Denken, und keiner kann es ändern. Archaische Institutionen wie die Kirche überleben heute nur noch, weil ein paar übrig gebliebene Gründe für ihre Existenz sprechen".[1]

Umbral hätte Kant, Schopenhauer, Feuerbach, Marx oder Freud zitieren können, um seine moderne Einstellung zu belegen. Das wäre nicht verwunderlich. Die Bibel hat das bereits in früheren Zeiten vorhergesagt. In dieser sogenannten postmodernen Zeit würde man sehr oft auf diese Art Gedanken treffen. Es handelt sich um eine fast allgemeine Tendenz, vor allem in den sogenannten entwickelten Ländern. Das Denken und die Meinung vieler Intellektueller richtet sich nach dem „Hochmut ihrer Vernunft". Sie lassen sich gerne Freidenker nennen. Sie wollen niemandem verpflichtet sein. Und schon gar nicht jemandem, den sie nie sehen und berühren konnten: Gott.

Einige von ihnen sind Deisten. Sie glauben an einen Schöpfergott, der seine Schöpfung vergessen hat und nicht mehr in sie eingreift. Andere sind Agnostiker, die behaupten, dass man nicht wissen kann, ob Gott existiert. Schließlich gibt es noch die Atheisten, die sich sicher sind, dass es Gott nicht gibt.

In diesen verschiedenen Denkansätzen ist Gott ein „überholtes, archaisches und kindliches Konzept". Gott anzugreifen ist ein Trend geworden. Vor Kurzem schrieb der französische Philosoph Michel Onfray sein *Traité d'athéologie* (dt. Wir brauchen keinen Gott). Allein in Frankreich verkaufte er 200 000 Exemplare. In seinem

---

[1] Francisco Umbral, *El Mundo* (Spanien), 6. Okt. 1996.

Buch erklärt er voller Anmaßung: „Der letzte Gott wird mit dem letzten Menschen verschwinden, und mit dem letzten Mensch wird die Furcht, die Angst, die Besorgnis verschwinden, diese Maschinen zur Erschaffung von Gottheiten."[2]

Vielleicht denkt Onfray, dass er mit seiner Art zu denken die Welt komplett umgestaltet, aber er ist nicht der Einzige. Richard Dawkins, ein englischer Biologe, schrieb ebenfalls ein aufsehenerregendes Buch dieser Art: *Der Gotteswahn*.[3] Sein Buch ist ein verzweifelter Versuch zu beweisen, dass Gott nichts weiter als ein überholter Mythos ist. Außerdem veröffentlichte der in Washington lebende englische Journalist Christopher Hitchens sein Buch *God is not great* (dt. *Gott ist nicht groß*); und der US-amerikanische Philosoph Sam Harris hat gerade sein Werk *Letter to a Christian Nation* (dt. *Brief an eine christliche Nation*) beendet.[4] In diesem Brief tritt er den Kritikern seines ersten Buches entgegen, indem er die Existenz Gottes für lächerlich erklärt.

Alle diese Schriftsteller haben etwas gemeinsam. Ihrer Meinung nach brauche der Mensch Gott nicht, schon gar nicht, um ein guter Bürger zu sein. Sie sagen, dass die Moral nicht von der Religion abhängig sei, und demzufolge könne auch ein Atheist ein gutes und

---

2 Michel Onfray, *Traité d'athéologie* (dt. *Wir brauchen keinen Gott*).

3 Richard Dawkins, *The God Delusion* (Boston, USA: A Mariner Book Company, 2006).

4 Christopher Hitchens, *God is not Great. How Religion poisons everything* (USA: Twelve Hachette Book Group, 1. Ausgabe Mai 2007). Sam Harris, *Letter to a Christian Nation* (New York: Vintage Books Division of Randon House, 2007).

ethisches Verhalten an den Tag legen. Das genüge, um glücklich zu sein. Die Neurowissenschaft unterstützt diese Behauptung, ihre „Entdeckungen" hätten bewiesen, dass sogar Schimpansen Grundkenntnisse der Moral, Gefühle der Empathie und Solidarität hätten, obwohl sie nicht an Gott glaubten und nicht zu ihm beteten.[5]

Es geht aber hier nicht darum, ob der Mensch, der Gott ablehnt, moralische Prinzipien hat oder nicht. Die Moral ist kein ausschließlich christliches Erbe. Vielmehr geht es darum, dass die biblische Prophetie ankündigt, dass diese Art zu denken in den letzten Tagen der Menschheitsgeschichte immer häufiger anzutreffen sein wird. Nicht an Gott zu glauben, ist in intellektuellen Kreisen fast allgemein der Fall. Die Zeitschrift *Nature* behauptet, dass 60 % der Wissenschaftler Atheisten sind.[6]

Wenn wir aber die Welt im Allgemeinen betrachten, fällt auf, dass die Menschen, abgesehen von den Skeptikern, sich wieder verstärkt der Religion zuwenden. In Holland, zum Beispiel, dem Land, welches als das am stärksten agnostisch geprägte Land Europas gilt, findet eine scheinbare Rückkehr zum Gebet statt.

Vor wenigen Jahren begann die sogenannte „Bewegung für das Firmengebet". Zu jener Zeit schenkten nur wenige Personen in Holland dieser Bewegung Aufmerksamkeit. Warum sollten sie sich Gedanken darüber machen? Schließlich war Holland ein agnostisch

---

5 „Neurociencia", www.nce.ufrj.br/ginape/publicacoes/trabalhos/RenatoMaterial/neurociencia.htm.

6 Luis Gonzáles Quevedo, „O neo-ateísmo", www.miradaglobal.com.

geprägtes Land, in dem man das Gebet bestenfalls als „einen irrationalen Zeitvertreib, gleichwohl harmlos" betrachtete.

Dennoch wird heutzutage „das Gebet am Arbeitsplatz" immer mehr akzeptiert; mehr als 100 Unternehmen beteiligen sich daran. Ministerien, Universitäten und Weltfirmen wie Philips, KLM und ABM ANRO erlauben ihren Mitarbeitern, regelmäßige Gebetstreffen am Arbeitsplatz zu organisieren. Sogar die Gewerkschaften haben begonnen, Druck auf die Regierung auszuüben, damit das Recht der Arbeitnehmer, an ihrem Arbeitsplatz zu beten, anerkannt wird.[7]

Adjiedj Bakas, professioneller Trendscout, und Minne Buwalda, Journalistin, beide Autoren der kürzlich veröffentlichten Studie mit dem Titel *Die Zukunft Gottes*, glauben an einen „Rückfall der Niederlande in die Religiosität".[8]

Außergewöhnlich? Vielleicht schon, vielleicht nicht. Diese scheinbare Rückkehr des Volkes zum Gebet und zum Lobpreis betrifft nicht die Bibel. Die Menschen stellen fest, dass der Agnostizismus nicht die tiefsten Bedürfnisse des Herzens zu stillen vermag, und sie wenden sich der emotionalen Seite der Religion zu. Sie wenden sich nicht den absoluten Werten eines absoluten Gottes zu, sondern dem Relativismus einer göttlichen Energie, die nichts erwartet und die nur ihr

---

7 Philip Jenkins, *God's Continent: Christianity, Islam, and Europe's Religious Crisis*.

8 Adjiedj Bakas und Minne Buwalda, „El futuro post-secular de Holanda" http://e-libertadreligiosa.net.

Einverständnis für das Verhalten gibt, für welches sich das Lebewesen entscheidet.

Dem entspringt ein Christentum ohne Christus. Die *Sunday Times* veröffentlichte eine Nachricht, die viele Christen alarmierte. Die kirchlichen Führer eines europäischen Landes haben ein Gebet mit dem Namen „Die Resolution des Millenniums" verfasst, um den Beginn des Jahres 2000 hervorzuheben. In diesem Gebet unterlässt man jegliche Bezugnahme auf Gott oder Jesus Christus.[9]

Ist dies das postmoderne Christentum? Ist dies die Bekehrung des Agnostizismus zum Christentum oder ist es einfach die Verweltlichung des Christentums? Der Apostel Paulus erwähnte diese Art Christentum als ein Zeichen der letzten Zeit. Er sagte: „Sie haben den Schein der Frömmigkeit, aber deren Kraft verleugnen sie." (2. Timotheus 3,5)

Wenn das Christentum den Namen Christi verwendet, aber nicht nach seinen Lehren lebt, verliert es an Autorität. Menschen aus nicht-christlichen Religionen, die in Europa leben, nehmen das Christentum nicht an, weil sie den korrupten Zustand der geistlichen Führer sehen. Gemäß den Aussagen der Teilnehmer eines katholischen Laientreffens mit dem Namen „Operation Mobilmachung" seien die Nichtchristen schockiert über die Kriminalität, Prostitution und Pornografie, die in der christlichen Welt verbreitet sind. Monica Maggio, eine Teilnehmerin, sagt, dass die Nichtchristen keinen

---

9 *Sunday Times*, 31. Dez. 1999.

Sinn im Chaos der westlichen Gesellschaft sehen, und die Christen mit ihrem religiösen Zerfall außerstande sind, ihr zu helfen.[10]

Die Zeitschrift *Reader's Digest* führte in Deutschland eine Studie durch, die zu folgendem Ergebnis kam: 20 % der Protestanten und 10 % der Katholiken sind in Wirklichkeit Deisten.[11] Sie glauben an Gott, doch dieser Glaube hat keinen Einfluss auf ihr Leben. Dem deutschen Magazin *Der Spiegel* zufolge seien die christlichen Kirchen in Deutschland in die Irrelevanz abgesunken. Die christlichen Werte spielen eine immer geringere Rolle innerhalb der Gesellschaft. Gemäß einer kürzlich durchgeführten Umfrage denken nur 37 % der Bevölkerung, dass die Kirche moralische Werte vermitteln sollte. Die deutsche Öffentlichkeit glaubt, dass die Polizei, die politischen Parteien und die Umweltschutzorganisation Greenpeace besser als die Kirchen qualifiziert sind, Werte zu vermitteln.[12]

Die Wahrheit ist, dass das Geschöpf in seinem Herzen beschlossen hat, nicht mehr an Gott zu glauben oder ihn als eine Energie ohne Persönlichkeit zu betrachten, eine innere Kraft, oder einfach als eine unter vielen Gottheiten, die er nach Belieben manipulieren kann. Er entfernte den Schöpfergott, den souveränen und allmächtigen Gott, aus dem Rahmen seiner Existenz.

---

10 „Operation Mobilmachung", www.mnnonline.org.

11 „Atheisten in Deutschland", *Reader's Digest*, 22. Okt. 2006.

12 *Der Spiegel* (Nr. 13, 2006).

Trotz der gewagten Haltung des Geschöpfes und weit davon entfernt zu sterben, wie es Nietzsche gewollt hätte, hat Gott immer noch die Kontrolle über das Leben und das Universum. Es blieb nur die „Einsamkeit des Menschen", um es in den Worten Nietzsches auszudrücken. Welcher Mensch? Ein Mensch, der jeden Tag immer weiter im Treibsand seiner Gedankengänge versinkt. „Denn obwohl sie von Gott wussten, haben sie ihn nicht als Gott gepriesen noch ihm gedankt, sondern sind dem Nichtigen verfallen in ihren Gedanken, und ihr unverständiges Herz ist verfinstert. Da sie sich für weise hielten, sind sie zu Narren geworden", schrieb der Apostel Paulus vor mehr als 2 000 Jahren (Römer 1,21.22).

Kommen wir zu meinem agnostischen Professor zurück. Eines seiner Argumente, um einen christlichen, persönlichen Gott zu widerlegen, war die vermeintliche Existenz einer kosmischen, alles durchdringenden Energie. In Wirklichkeit glaubte er an Gott, er nannte ihn aber nicht Gott, sondern Energie. Er trug eine goldene Kette um den Hals. An der Kette hing eine kleine Glaspyramide; seiner Meinung nach sollte sie die kosmische Energie des Universums anziehen. Die Bibel beschrieb bereits vor vielen Jahrhunderten diese Art von Gedanken: „Sie, die Gottes Wahrheit in Lüge verkehrt und das Geschöpf verehrt und ihm gedient haben statt dem Schöpfer." (Römer 1,25)

Dieser Mann mit Forschergeist, Englischprofessor in einer berühmten Sprachschule für Führungskräfte in Manhattan, hatte aufgehört, den Schöpfer anzubeten, und verehrte das Geschöpf. Seine Aufmerksamkeit richtete sich auf einen Glasstein. Wenn die Dinge schlecht liefen, nahm er den Glasstein in seine Hand und konzentrierte sich fast andachtsvoll auf ihn, um die „energetische Strahlung" zu empfangen. Er hielt das für weiser, als einen Hilferuf an Gott zu richten.

Das ist die Realität unserer Zeit. Die Menschheit hat ihre Augen auf das Geschöpf gerichtet anstatt auf den Schöpfer. Es gibt Menschen, die das Haus nicht verlassen, ohne vorher ihr Horoskop gelesen zu haben. Sie glauben, dass ihr Schicksal durch die Sterne festgelegt ist.

Vor 80 Jahren machte der Astrologe Lewellyn George eine visionäre Aussage. Damals wurde er nicht ernst genommen.

„Die Stunde ist gekommen", sagte er, „in der sich die gesamte Menschheit für die Astrologie interessieren wird."[13]

In einer Zeit, in der die Menschen von der Entwicklung der Technologie und den wissenschaftlichen Entdeckungen fasziniert waren, schienen die Worte dieses Astrologen wenig Sinn zu ergeben; aber heute, wenn wir Millionen Menschen sehen, die ihre Aufmerksamkeit auf die Sterne richten, merken wir, dass er sich nicht irrte.

Warum suchen die Menschen ihr Schicksal in der Astrologie? Weil sie ein tiefes spirituelles Bedürfnis der Seele, die innere Leere, das Fehlen eines Sinns für ihr Leben jenseits materieller Werte verspüren. Der Mensch mag sich dieses Bedürfnisses nicht bewusst sein, doch es zeigt sich in allen Lebensbereichen. Unter diesen

---

13 Llewellyn George, *A to Z Horoscope Maker and Delineator* (Minn.: Rev. St. Paul, 1970), S. 18.

Voraussetzungen hat die Astrologie ihren bezaubernden Reiz. Sie erklärt dir scheinbar deine Persönlichkeit. Sie rät dir, nach Geld, Freundschaft oder Liebe zu suchen, aber auf dem Gebiet der Moral verlangt sie nichts vor dir. Das gefällt den Männern und Frauen unserer Zeit. Die Welt sorgt sich nicht allzu sehr um die Koordinaten der Moral. Die Menschen wollen selbst über Gut und Böse entscheiden, ohne fremde Einmischung. Die ewigen Prinzipien Gottes haben für viele keine Bedeutung. Das Einzige, das zählt, sind die Informationen, die ich nach meinem Willen verwalten kann. Ich akzeptiere nicht, dass mir irgendjemand sagt, was ich tun soll.

Am Anfang mag diese Haltung des modernen Menschen angenehm erscheinen, aber der Hunger des Menschen nach Spiritualität ist damit noch nicht gestillt. Die Religionen blieben den Menschen die Antworten auf die existenziellen Fragen des Lebens schuldig, weil sie sich vom einzigen Buch abwandten, das in der Lage ist, befriedigende Antworten zu liefern. Wir verwenden die Bibel, aber wir passen sie unseren Launen und Bedürfnisse an. Wir wählen das aus, was sich unserer Art zu sein und zu denken anpasst, aber wir weigern uns, unser Leben an den ewigen Lehren des Wortes Gottes auszurichten. Die Astrologie nutzt diese Lücke aus, um Präsenz zu zeigen. Sie nutzt die Situation aus, ohne selbst eine feste Grundlage zu haben. Es handelt sich nur um eine Pseudowissenschaft aus dem Bereich der Esoterik. Sie gründet sich auf eine Reihe von Glaubenssätzen der antiken Völker, die an den Einfluss der Gestirne auf das Schicksal der Menschen glaubten. Die priesterliche Elite und die persischen Zauberer bedienten sich dieser Praktiken. Die Beschwörer jener Zeit machten verschiedene Vorhersagen bezüglich der besten Zeiten für die Aussaat, die Ernte und andere Tätigkeiten. Die Könige hatten ihre eigenen Astrologen, die ihnen die günstigste Zeit zeigten, um in den Krieg zu ziehen oder nicht. Diese sogenannte Wissenschaft wurde von Generation zu Generation weitergereicht und dabei immer weiter ausgefeilt, bis sie das Stadium erreichte, das wir heute kennen.

Beim Versuch, die Astrologie zu erklären, sagt die Astrologin Margaret Hone: „Bei der Astrologie handelt es sich um ein besonderes Auslegungssystem der Beziehung, die zwischen der Aktion der Himmelskörper und der menschlichen Erfahrung besteht."[14] Vom Standpunkt der Astrologen aus bestimmt der Einfluss der Himmelskörper die menschlichen Verhaltensweisen oder das Benehmen. Das heißt, sie versuchen, menschlichen Spekulationen eine scheinbar wissenschaftliche Basis zu geben, aber die Astrologie ist keine Wissenschaft so wie die Astronomie. In Wirklichkeit verbergen sich hinter den astrologischen Auslegungen die Götter der antiken Mythologie. Die Astrologen weisen den Planeten Eigenschaften zu, die den Göttern des antiken Polytheismus zu eigen waren. Doch dieses Gesicht zeigt die Astrologie den Menschen nicht; es geht nach außen hin immer nur um die Gestirne. Und viele Menschen laufen ihr nach, im Glauben, einer Wissenschaft zu folgen.[15]

---

14 Margaret E. Hone, *The Modern Textbook of Astrology* (London: L. N. Fowler & Company Ltd., 1951), S. 10.

15 Charles Strohmer, *What Your Horoscope Doesn't Tell You* (Wheaton, Illinois: Tindale), S. 25.

Heute durchdringt die Astrologie auf die eine oder andere Weise alle Aktivitäten des Menschen. Sie spaltete sich in andere esoterische und mystische Richtungen auf. Es gibt Menschen, die glauben, dass ihr Schicksal von Zahlen, von Edelsteinen oder sogar von Farben abhängig ist. Unzählige Menschen hängen solchen Ideologien an auf der Suche nach Lösungen für ihre Probleme.

Statistiken zeigen, dass 95 % der US-Amerikaner an die Astrologie, fliegende Untertassen, Gespenster, Steine und andere Arten von Phänomenen glauben. Allein in den Vereinigten Staaten von Amerika gibt es 10 000 Astrologen und Kartenleger. Zu ihren Kunden zählen berühmte Leute. Das Interesse an solchen Dingen ist so groß, dass eine vom verstorbenen Guru Maharishi Mahesh Yogui gegründete Organisation bereits 3 Milliarden US-Dollar verdiente.[16]

Wer steckt tatsächlich hinter alledem? Zweifellos dieselbe Persönlichkeit, die dem biblischen Bericht zufolge eines Tages vor der ersten Frau, Eva, auftauchte und ihr vorgaukelte, dass die Frucht, die sie ihr anbot, besondere Kräfte besaß. Du und ich wissen, dass die Frucht keine besondere Macht hatte. Die Absicht der Schlange bestand nicht nur darin, die Frau dazu zu bringen, die verbotene Frucht zu essen, sondern sie von ihrem Schöpfer zu entfremden und ihre Aufmerksamkeit auf das Geschöpf zu richten. Die Macht der Wahrsagerei und der Zauber aller anderen esoterischen Praktiken kommen von jemandem, dessen einzige Absicht es ist zu betrügen.

---

16 José Cutileiro, „Haharishi Mahesh Yogui", www.aeiou.expresso.pt/gen.

In Bezug auf dieses Thema ist das Wort Gottes kategorisch: „Wenn sie aber zu euch sagen: Ihr müsst die Totengeister und Beschwörer befragen, die da flüstern und murmeln, so sprecht: Soll nicht ein Volk seinen Gott befragen, oder soll man für Lebendige die Toten befragen?" (Jesaja 8,19)

Das Christentum sollte das letzte Bollwerk zur Verteidigung der biblischen Werte sein, doch es kapitulierte und ließ zu, dass seine Lehren von den betrügerischen Theorien teuflischen Ursprungs durchsetzt wurden. Diese Lehren haben keine biblische Grundlage.

Ein Beispiel hierfür ist der Glaube an die Unsterblichkeit der Seele. Die Bibel sagt ganz klar, dass wenn der Mensch stirbt, für ihn alles zu Ende geht: „Denn die Lebenden wissen, dass sie sterben werden, die Toten aber wissen nichts; sie haben auch keinen Lohn mehr, denn ihr Andenken ist vergessen. Ihr Lieben und ihr Hassen und ihr Eifern ist längst dahin; sie haben kein Teil mehr auf der Welt an allem, was unter der Sonne geschieht." (Prediger 9,5.6)

Wenn „die Toten kein Teil mehr haben an allem, was unter der Sonne geschieht", wie kann dann der Geist eines Verstorbenen zurückkehren? Wie kann jemand mit ihm sprechen? König Salomo spricht unter göttlicher Inspiration weiter: „Alles, was dir vor die Hände kommt, es zu tun mit deiner Kraft, das tu; denn bei den Toten, zu denen du fährst, gibt es weder Tun noch Denken, weder Erkenntnis noch Weisheit." (Prediger 9,10)

Wenn es bei den Toten für nichts anderes mehr Raum gibt, wie kann dann jemand in anderen Lebensformen wiedergeboren werden? Woher kommt diese Idee?

Offensichtlich von einer betrügerischen Macht, dem Teufel, so wie es die Bibel offenbart. Der Teufel möchte den Menschen verwirren. Beachte, dass in den letzten Tagen alle falschen Christusse behaupten, die Reinkarnation Jesu zu sein. Kommt dir das nicht merkwürdig vor? Glaubst du, dass dies reiner Zufall ist? Oder gibt es ein Gesamtkonzept hinter diesen seltsamen Erscheinungen?

Die Angelegenheit ist ernst. Jeder Christ sollte Gottes Wort als einzige Richtschnur des Glaubens und der Lehre annehmen. Keiner sollte stillschweigend falsche Lehren akzeptieren. Wenn geistliche Angelegenheiten auf dem Spiel stehen, kann es verhängnisvoll sein, sich auf die Autorität einer Kirche und die Kraft der Tradition zu verlassen.

Wenn die Christen Gottes Wort beiseitelegen und sich auf menschliche Lehren verlassen, zerstören sie ihren Glauben. Das Ergebnis ist die Säkularisierung des Christentums. Das Wort „säkular" stammt vom lateinischen *secularis* ab. Damit meint man etwas, das mit dem aktuellen Zustand der Dinge, mit der zeitgenössischen Kultur, mit den heutigen Werten in Verbindung steht. Der moderne Mensch lebt unter einem außergewöhnlich großen Einfluss der wissenschaftlichen und technologischen Erfahrungen. Diese betonen die Wichtigkeit der Materie und münden in materialistische Philosophien. Christen sind auch davon betroffen, sie stecken sich an und verursachen eine Säkularisierung des Christentums.

Der säkularisierte Christ glaubt an Gott, aber Gott ist lediglich ein Name, ein Detail, eine Art Amulett für bedrückende Stunden. Wenn die Gefahr vorüber ist, hat man ihm gegenüber keine Verpflichtungen mehr. Die Person lebt so, als gäbe es keinen Gott.

Der einzige Unterschied zwischen einem Heiden und einem säkularisierten Christen besteht darin, dass Letzterer manchmal in die Kirche geht. Er ist sozusagen Mitglied eines religiösen Klubs. Er geht nicht in die Kirche, um Gott anzubeten, sondern um die Gottesdienste zu beobachten, mit dem typischen Konsumentendenken. Wenn ihm das Produkt gefällt, kommt er wieder; wenn nicht, übt er Kritik und sucht sich eine andere Kirche, die seinen Erwartungen entspricht. Schließlich „bezahlt" er ja mit seinen Gaben, und er hat das Recht auf ein erstklassiges Produkt.

Die geistlichen Führer ihrerseits fühlen sich gezwungen, ein „neuartiges Produkt" für die „Zuschauer" zu erfinden, um ihre Aufmerksamkeit zu fesseln. In einer Welt, die vom Gedanken des Wettbewerbs durchdrungen ist, bemühen sie sich, die beste Show zu inszenieren. Wenn notwendig, setzen sie den Standard der biblischen Prinzipien herab und sagen, dass Gott nur Liebe anzubieten hat, keine Strafe oder Vergeltung. Diese geistlichen Führer sind der Meinung, dass die wunderbare Gnade Christi alle menschlichen Schwächen bedeckt, sogar das Leben eines Menschen, der weder seine Sünde einsehen will noch von seiner Sünde ablassen möchte.

Der Apostel Paulus sprach über das traurige Ergebnis dieses menschlichen Verhaltens: „Und wie sie es für nichts geachtet haben, Gott zu erkennen, hat sie Gott dahingegeben in verkehrten Sinn, sodass sie tun, was nicht recht ist." (Römer 1,28)

Was sind diese Dinge, die „nicht recht" sind? Als er an den Jünger Timotheus schreibt, vervollständigt Paulus seinen Gedanken: „Das sollst du aber wissen, dass in den letzten Tagen schlimme Zeiten kommen werden. Denn die Menschen werden viel von sich halten, geldgierig sein, prahlerisch, hochmütig, Lästerer, den Eltern ungehorsam, undankbar, gottlos, lieblos, unversöhnlich, verleumderisch, zuchtlos, wild, dem Guten Feind, Verräter, unbedacht, aufgeblasen. Sie lieben die Wollust mehr als Gott." (2. Timotheus 3,1–4)

Der Mensch, der Gott aus seinem Leben verbannt, wird früher oder später auch die Schranken in seinem eigenen Leben niederreißen. „Es ist ewig, solange es andauert", sagt er sich immer wieder selbst vor. Er versucht, einen Lebensstil zu rechtfertigen, dessen Ziel lediglich die Befriedigung der Sinne ist. Aber es gelingt ihm nicht. Er fühlt sich leer, hohl, unausgefüllt. Er möchte um jeden Preis glücklich sein. Er unternimmt fruchtlose Anstrengungen, um dies zu erreichen, doch er verfehlt sein Ziel.

Diese Frustration nennt die Bibel „Sünde". In der Heiligen Schrift stammt das Wort Sünde von dem griechischen Begriff *hamartia* ab. Wörtlich: „das Ziel verfehlen; ein Ziel anpeilen und ein anderes Ziel treffen". Glücklich sein wollen und unglücklich werden. Scheitern, sich auf dem Weg verlaufen, die Dinge durcheinanderbringen. Aber der moderne Mensch beharrt darauf, die Sünde zu ignorieren. Er beschloss, ihr Namen wie „inneres Ungleichgewicht", „menschliche Zerbrechlichkeit", „Fehlverhalten", „besondere Vorliebe" zu geben. Alles Mögliche, nur nicht „Sünde". So als ob eine Namensänderung die Lösung des Problems wäre.

Ich erinnere mich an einen Wettbewerb, den eine Lehrerin in ihrer Schule ausrief. Die Kinder wurden gebeten, Ideen zur Lösung der Energiekrise zu finden.

„Der Treibstoff auf der Welt geht zur Neige", sagte sie ihnen, „und wir brauchen Vorschläge, um dies zu verhindern."

Am nächsten Tag hatten die Schüler die lustigsten und unsinnigsten Ideen dabei.

„Man muss einen Hund neben jeden Autofahrer setzen, der dann jedes Mal, wenn dieser zu schnell fährt, ihn anbellt, und er auf diese Weise weniger Treibstoff verbraucht", sagte ein Schüler.

„Es soll kein Treibstoff mehr verkauft werden, dann geht er nicht aus", antwortete ein anderer.

Die interessanteste Antwort gab jedoch Hansi: „Wir geben dem Treibstoff einen anderen Namen. Die Leute werden dann etwas anderes kaufen, und der Treibstoff bleibt im Lager."

Das scheint die Lösung zu sein, die der Mensch unserer Zeit für die Schwierigkeiten gefunden hat, welchen er sich gegenübersieht, weil er sich von Gott entfernte. Wenn der Mensch aber ursprünglich aus der Hand Gottes hervorgegangen ist, wird er sich nur erfüllt und zufrieden fühlen, wenn er wieder zu seinem Schöpfer zurückkehrt. Doch der Mensch leugnet diese Tatsache. Er vergisst, dass er ein Kind Gottes ist und als solches leben soll.

Er nimmt von klein auf eine verdrehte Welt wahr. Gott ist etwas von geringer Bedeutung. Im Fernsehen sieht er lustige Sendungen, in denen die geistlichen Dinge ins Lächerliche gezogen werden. Während er dann aufwächst, akzeptiert er ein säkularisiertes Leben als etwas Normales.

1987 entdeckte man im Urwald Ugandas das von der Presse sogenannte „Affenkind". Alles wies darauf hin, dass dieses Kind für mindestens vier oder fünf Jahre bei einer Affenhorde gelebt hatte. Der ca. sechs Jahre alte Junge wurde in ein Krankenhaus gebracht und anschließend in ein Waisenhaus, dort sprang er herum und drehte sich im Kreise wie ein Affe. Er weigerte sich auch, das Essen zu essen, das man ihm gab, und biss alle, die sich ihm näherten.[17]

Die Verhaltensstudien über diesen Jungen besagen, dass es für ein Kind fast unmöglich ist, wieder zu einem normalen Verhalten zu finden, wenn es für einen Zeitraum von vier oder fünf Jahren unter Tieren gelebt hat. Das Gehirn trägt unauslöschliche Spuren für den Rest seines Lebens davon.

Etwas Ähnliches geschieht auch mit dem Menschen. Er lebt in einer vom Rationalismus geprägten Welt. Er hat vergessen, dass er aus Gottes Hand hervorgegangen ist. Er nimmt die Folgen eines Lebens in der Gottesferne wahr. Er sieht seine zerstörte Familie, seine Kinder in sklavischer Abhängigkeit in der Welt der Drogen und der ständig wechselnden Sexualpartner. Sein Zuhause liegt in Schutt und Asche, seine Ideale sind tot, seine Träume kaputt. Das ist seine Wirklichkeit. Seine traurige und verzweifelte Wirklichkeit. Die tägliche Realität jeder einzelnen Stunde und Minute. Er lebt mit ihr, er

---

[17] http://expedienteoculto.blogspot.com/2007/06/los-nios-salvajes.html.

trägt sie in seinem Inneren, er leidet, möchte nicht mehr weiterleben und dann sucht er verzweifelt nach einer Lösung. Er findet aber nur Lösungen, die das Leid seines verängstigten und verzweifelten Herzens kurzfristig lindern.

Warum weinst du in der Stille über einen Schmerz, den keiner sieht? In den dunkelsten Stunden deines Lebens, wenn dir der Schmerz die Freude am Leben raubt, wenn du nach Antworten in dir suchst und sie nicht findest, warum richtest du deine Augen nicht auf deinen Schöpfer?

Vor mehr als 2 000 Jahren, als der Herr Jesus das geistliche Panorama unserer Tage betrachtete, fragte er sich: „Doch wenn der Menschensohn kommen wird, meinst du, er werde Glauben finden auf Erden?" (Lukas 18,8) Was er sagen wollte, war, ob die Menschen sich noch daran erinnern würden, dass er sie liebt und dass er mit offenen Armen auf sie wartet. Wirst du dich daran erinnern?

Die Entscheidung liegt bei dir.

KAPITEL 5

Die Rebellion der Natur

„Und es werden Zeichen geschehen an Sonne und Mond und Sternen, und auf Erden wird den Völkern bange sein, und sie werden verzagen vor dem Brausen und Wogen des Meeres, und die Menschen werden vergehen vor Furcht und in Erwartung der Dinge, die kommen sollen über die ganze Erde; denn die Kräfte der Himmel werden ins Wanken kommen."

Lukas 21,25.26

Ismael Gumuda klagt über seine Tragödie. Er bedauert, am Leben zu sein. Er wäre lieber tot und würde lieber nichts spüren. Die Erinnerung an den verlorenen Bruder bringt ihn zum Weinen. Mit seinen knapp 11 Jahren erinnert er sich und weint. Die Bilder lassen sich nicht aus seinem Kopf löschen. Am Tag sieht er sie immer. Nachts kehren sie als Albträume zurück. Er vergisst sie nicht. Er kann den Tag nicht vergessen, als die Riesenwelle den 7-jährigen kleinen Bruder aus seinen Armen riss.

Sie waren in der Schule und probten gerade ein Stück für die nächste Neujahrsfeier, als sie das schreckliche

Krachen von tausend Donnerschlägen hörten. Dieses Geräusch würde sein Leben für immer prägen. „Wir drehten uns um und sahen, dass eine gewaltige Welle auf uns zukam, höher als das Schulgebäude", sagt er und wischt sich dabei die Tränen weg. „Ich habe meinen Bruder ganz fest gehalten, aber die Welle trennte uns. Ich konnte nichts tun, um ihm zu helfen. Er sah mich mit schrecklicher Angst an, er wollte, dass ich ihm helfe, aber ich konnte nicht; das Wasser hatte mehr Kraft als ich. Ich habe nur deswegen überlebt, weil mich die Welle bis zum Fuß des Berges trug, während mein Bruder von den Wasserfluten verschluckt wurde. Ich vermisse ihn sehr und ich bete für ihn", sagt Ismael.

Die Lehrer an seiner Schule haben bemerkt, dass Ismael seit dem einschneidenden Ereignis des Tsunamis nicht mehr derselbe ist. Er hat Gewicht verloren und wirkt traurig und still. Ismael ist ein Schüler der Ban Talaynork Schule, die an einem von der UNICEF geförderten psychologischen Rehabilitationsprogramm in Thailand teilnimmt.[1]

Dieser dramatische Bericht ist Teil der Tragödie, die dem Menschen eine erschreckende Realität bewusst machte: Das Leben ist nichts wert, wenn die Natur verrücktspielt. Der frühe Morgen des 26. Dezembers 2004 wird für immer im Gedächtnis der Sterblichen bleiben. Die Jahre werden vergehen und wir werden uns noch immer benommen, fassungslos und bestürzt fühlen. Bis zu jenem Tag hatten viele Leute noch nichts

---

[1] Geschichten des Tsunami, www.unicef.org/emerg/disasterinasia/index_main.html.

von Tsunamis gehört, obwohl es sie gab. Plötzlich war sich jeder einer Realität bewusst, die Angst macht. Welchen Namen könnte man der zerstörerischen Macht einer tobenden Natur geben, die in Sekundenschnelle Inseln fortspülte, ganze Städte schluckte und fast 200 000 Menschenleben auslöschte? Wohin könnte der Mensch laufen, um sich vor einer Kraft zu schützen, die der Kraft von 1 Million Atombomben entspricht (verglichen mit jener, die während des Zweiten Weltkriegs Hiroshima zerstörte)?[2]

An jenem frühen Horror-Morgen wurde unser Planet bis in die Grundfesten erschüttert. Die Menschheit wurde in ihrem tiefsten Inneren getroffen. Die mörderische Erschütterung mit einer Stärke von 9 auf der Richterskala fing im äußersten Norden Indonesiens an, bewegte sich weiter nach Thailand, Indien, Bangladesch und Sri Lanka. Das Seebeben durchquerte 6 500 Kilometer, brachte Hunderte Menschen an der afrikanischen Ostküste um und bewegte sich noch Tausende Kilometer weiter, bis es noch auf bedrohliche Weise das Meer vor der Republik Chile aufwühlte.

Der Morgen nach dem Weihnachtsfest in jenem verhängnisvollen Dezember schmeckte nach Blut und Tod. Der Mensch hatte auf tragische Weise begriffen, wie klein er vor dem Grimm der Natur war.

Der Horror, den die Welt erlebte, als sie 2004 litt, war nur das Vorspiel für ein Jahr 2005 voller Naturkatastrophen. Einige Wochen nach dem Tsunami vor

---

[2] *Magazin VEJA*, Ausgabe Nr. 1886 (5. Januar 2005).

Indonesien verursachte eine Reihe von Orkanen Überschwemmungen und den Tod vieler Menschen in Mittelamerika und in den Vereinigten Staaten von Amerika. Hurrikan Katrina ging als unbarmherziger Mörder in die Geschichte ein. Er säte Panik und Zerstörung, verursachte irreparable Schäden und überflutete wochenlang das US-amerikanische New Orleans. Übel riechender Schlamm überzog jene schöne Stadt, bekannt für Blues, Jazz und ihren französischen Charme.[3]

Am 8. Oktober desselben Jahres erschütterte ein anderes Erdbeben gigantischen Ausmaßes Pakistan und Indien. Tausende Menschen wurden getötet, Zehntausende verletzt, und Millionen Menschen blieben obdachlos zurück.[4]

Wenige Tage später tötete der Hurrikan Stan zwischen 1 000 und 2 000 Menschen in Guatemala und im Süden Mexikos. In El Salvador brach der Vulkan Santa Ana aus und tötete etliche Personen. Tausende Familien mussten evakuiert werden.[5]

Aussagen des *Centre for Research on the Epidemiology of Disasters* (CRED) zufolge (Partnerorganisation der WHO) sind allein in den Monaten Januar bis Oktober 2005 fast 100 000 Menschen weltweit durch Naturkatastrophen umgekommen. Diese Organisation, mit Sitz in Belgien, verwaltet ein Archiv mit Daten über Katas-

---

[3] Hurrikan Katrina, http://en.wikipedia.org/wiki/Hurricane_Katrina.

[4] *USA Today*, 8. Oktober 2005.

[5] „Naturrisiken, Schwere Stürme, Hurrikan Stan", http://earthobservatory.nasa.gov/NaturalHazards.

trophen auf Weltebene. Gemäß dieser Körperschaft ist die Zahl der registrierten Naturkatastrophen seit 1900 merklich gestiegen.[6]

Das Jahr 2005 hätte als das Jahr mit den meisten Naturkatastrophen in die Geschichte eingehen können. Dies war nicht der Fall. 2006 rebellierte die Natur noch mehr. Um das düstere Szenario zu vervollständigen, machte Markku Niskala, Generalsekretär des Internationalen Roten Kreuzes, bekannt, dass im Jahr 2007 eine Steigerung der Katastrophen um 20 % gegenüber 2006 registriert wurde. Weltweit wurde die unerhörte Ziffer von 500 Naturkatastrophen erreicht.[7] Aktuell wird die Anzahl der Personen, die alle 10 Jahre von Naturkatastrophen betroffen ist, auf 250 Millionen Menschen geschätzt. In der Hälfte der Fälle ist Wasser das zerstörerische Element.

Wasser ist Leben. Wenn es zu wenig davon gibt, stirbt das Leben. Wenn es zuviel davon gibt, bringt es den Tod mit sich. Dies geschieht in manchen Gegenden der Erde, wo es ständig zu Überschwemmungen kommt. Die schlimmste Überschwemmung war die des Gelben Flusses und des Jangtse-Flusses in China im Jahr 1931. Schätzungen zufolge verloren damals bis zu 4 Millionen Menschen ihr Leben.[8] Nach Aussagen des Weltklimarates der Vereinten Nationen (IPCC) „ist es möglich, dass die extremen Wetterereignisse eine

---

6 Centre for Research on the Epidemiology of Disasters, www.cred.be.

7 „Markku Niskala Quotes", http://thinkexist.com/markku_niskala.

8 Siehe http://de.wikipedia.org/wiki/Flutkatastrophe.

Steigerung in Intensität und Häufigkeit aufgrund des Klimawandels erfahren."[9]

Angesichts dieser makabren Realität fragt sich die Menschheit voller Angst und Verzweiflung: „Was geschieht mit unserem Planeten? Ist er verrückt geworden? Wann wird das alles aufhören?" Die Antworten sind sogar noch makabrer. Viele Mönche rufen den Zorn Gottes und die Zerstörung der Welt aus. Die Astrologen suchen die Schuld bei den Gestirnen. Und die Wissenschaftler sehen die Ursache in der globalen Erwärmung, die durch den Menschen selbst verursacht wird.

„Globale Erwärmung" ist ein relativ neuer Begriff. Er bezeichnet den Temperaturanstieg der Erde. Es ist wissenschaftlich bewiesen, dass in den letzten Jahrzehnten ein allmählicher Anstieg der Erdtemperatur stattgefunden hat. Genau genommen hat dieser Prozess mit der sogenannten industriellen Revolution begonnen, und seitdem der Produktivität mehr Bedeutung zugemessen wird als der Lebensqualität des Menschen.

Gase, von Experten „Treibhausgase" genannt, die aus den Fabriken und Fahrzeugen kommen und die durch Waldbrände und viele andere industrielle und menschliche Aktivitäten entstehen, haben nach und nach die schützende Ozonschicht so weit zerstört, dass die Sonnenstrahlen mit größerer Intensität auf die Erde treffen.

Wir beobachten auch einen Anstieg der Erdtemperatur. Dabei schmelzen die Gletscher und der Meeresspiegel

---

[9] „Katastrophen mit meteorologischem Hintergrund", www.portalplanetasedna.com.

steigt.[10] Seit 1993 steigt der Meeresspiegel jedes Jahr um 3,2 mm. Sollte der Temperaturanstieg mit der gleichen Geschwindigkeit wie in den letzten Jahrzehnten fortschreiten, schätzen Forscher, dass der Meeresspiegel bis zum Jahr 2100 um 0,5–2 m steigt.[11]

Schlimmer noch. Seit 1998 erlebten wir acht der heißesten Jahre seit Beginn der Temperaturmessungen. Seit 1966 sind die Schneefälle auf der Nordhalbkugel um 5 % zurückgegangen.[12]

Als ich ein Kind war und von Lima nach Jauja reiste, meiner Geburtsstadt in Peru, betrachtete ich sehr gerne die mit ewigem Schnee bedeckte Bergwelt am Ticlio-Pass. Auf der höchsten Eisenbahnstrecke der Welt unterwegs, war ich von der weißen Pracht fasziniert, die auf den Bergen lag. Das letzte Mal, als ich in diesem Teil der Anden unterwegs war, tat es mir im Herzen weh. Ich habe nackte Berge und eine leidende Natur gesehen. Ich hörte ein trauriges Stöhnen, das vom Heulen des kalten Windes herrührte, der in den Bergen blies. Das bedeutet, dass die wissenschaftlichen Berichte real sind. Wir haben den Eindruck, dass wir nicht davon betroffen sind, weil wir weit weg von diesen Orten leben. Aber das ändert nichts an der Realität.

Man kann nicht leugnen, dass es auf dem Planeten wärmer geworden ist und dass der Mensch zum großen Teil dafür verantwortlich ist.

---

10 „Wissenschaft", Terra Noticias, 27. Dezember 2007.

11 „Globale Erderwärmung", http://de.wikipedia.org/wiki/Meeresspiegelanstieg.

12 www.de-ipcc.de/de/173.php.

Die Wissenschaftler sind der Meinung, dass dieser Temperaturanstieg unvermeidbar ist. Selbst wenn man gleich morgen den Ausstoß von Treibhausgasen vollständig stoppen würde, stiege der Meeresspiegel noch mindestens während der nächsten 100 Jahre weiter an. Da die Welt sich dieser Gefahr bewusst wird, richtet sie ihre Aufmerksamkeit auf den Schutz der Umwelt. Die Ökologie wird zu einer Art Religion. Die sozialistische Ökologie gibt dem wilden Kapitalismus die Schuld. Alle Bereiche – vom Kindergarten bis zur Universität über gemeinnützige Vereinigungen und Nachbarschaftsvereine – sind daran interessiert, unseren Planeten besser zu schützen. Doch es wird nicht besser. Die Bibel sagt, dass es immer schlimmer wird, und dass all dies zu den Zeichen gehört, die die Wiederkunft Jesu ankündigen.

Al Gore, Ex-Präsidentschaftskandidat der USA, wurde für seinen Dokumentarfilm *Earth in the Balance* (dt. *Wege zum Gleichgewicht*) mit dem Friedensnobelpreis 2007 ausgezeichnet. Die UNO betrachtete dieses Werk als „eine Bemühung zur Verbreitung einer Warnung über den vom Menschen verursachten Klimawandel".[13] Der Film zeigt die menschlichen Bemühungen, den Planeten zu retten, erinnert uns aber auch daran, wie unfähig die Menschheit ist, das vorauszusehen, was tatsächlich auf sie zukommt.

Sami Solanki, Direktor des Max-Planck-Instituts für Sonnensystemforschung im deutschen Göttingen,

---

13 „Wissenschaft der globalen Erderwärmung", http://conservapedia.com/Global_warming.

sagte, dass abgesehen von den menschlichen Eingriffen in die Natur die Sonne in den letzten 60 Jahren aus unerklärlichen Gründen heißer geworden sei; dies trage ebenfalls zur globalen Erderwärmung und der daraus resultierenden Häufung von Naturkatastrophen bei.[14]

Unerklärliche Gründe? Jesus hatte es bereits vor über 2 000 Jahren gesagt, als er über die Ereignisse kurz vor seiner Wiederkunft sprach: „Und es werden Zeichen geschehen an Sonne und Mond und Sternen, und auf Erden wird den Völkern bange sein, und sie werden verzagen vor dem Brausen und Wogen des Meeres, und die Menschen werden vergehen vor Furcht und in Erwartung der Dinge, die kommen sollen über die ganze Erde; denn die Kräfte der Himmel werden ins Wanken kommen." (Lukas 21,25.26) Alles erfüllt sich, wie es Jesus vorausgesagt hatte.

„Den Völkern ist bange und sie verzagen vor dem Brausen und Wogen des Meeres." Hast du nicht den Eindruck, der Herr Jesus beschreibt unsere Zeit, unsere Ängste und unsere Tage? Man muss jedoch vorsichtig sein, um die Dinge nicht durcheinanderzubringen. Die Tatsache, dass wir all diese Katastrophen sehen, bedeutet nicht, dass Gott der Verursacher ist. Er selbst beschreibt die Qualität seiner Beziehung zum Menschen: „Denn ich weiß wohl, was ich für Gedanken über euch habe, spricht der Herr: Gedanken des Friedens und nicht des Leides …" (Jeremia 29,11)

---

14 Orlando Petiz und Eva Gallardo, „Professores reflectem sobre a integracao no Espaco Europeu do Ensino Superior", www.cienciapt.info.

Das ist eine gute Nachricht. Gott wird nicht zulassen, dass sich der Mensch selbst zerstört. Er liebt die Menschen. Er wird in die Geschichte eingreifen und den unsinnigen Taten des Geschöpfes ein Ende setzen. Wenn das stimmt und die Wissenschaft dem Planeten Erde nicht mehr sehr viel Zeit einräumt, bedeutet das nicht, dass der glorreiche Tag der Wiederkunft Christi bereits am Horizont anbricht?

Da ist noch etwas. Der Apostel Markus hält die Worte Jesu bezüglich der letzten Katastrophen auf folgende Weise fest: „Aber zu jener Zeit, nach dieser Bedrängnis, wird die Sonne sich verfinstern und der Mond seinen Schein verlieren, und die Sterne werden vom Himmel fallen, und die Kräfte der Himmel werden ins Wanken kommen." (Markus 13,24.25) Diese Zeichen, die Sonne, Mond und Sterne betreffen, erfüllten sich teilweise in der Vergangenheit. Zu einem bestimmten Zeitpunkt in der Geschichte verdunkelte sich die Sonne, der Mond färbte sich blutrot und die Sterne fielen vom Himmel. Aber in der Zukunft, kurz vor dem glorreichen Erscheinen Jesu, werden sich diese Phänomene auf vollständige Weise wiederholen. Bezüglich der Erfüllung dieser Zeichen in der Vergangenheit wurde in den geschichtlichen Aufzeichnungen Folgendes festgehalten:

„Als *Dark Day*, dunkler Tag, ist der 19. Mai 1780 in die Geschichte eingegangen. Ganz Neuengland, Nordamerika, war davon betroffen. In diesem Teil der Erde konnte nicht einmal ein gedruckter Punkt bei Tageslicht gesehen werden. Die Vögel stimmten ihr Abendlied an und verschwanden, überall wurde es still. Die Vögel flogen zu ihren Ruhestätten und das Vieh ging in den Stall; in allen Häusern wurden Kerzen angezündet. Die Dunkelheit begann gegen 10:00 Uhr morgens und hielt bis Mitternacht des darauffolgenden Tages an, die Intensität variierte jedoch von Ort zu Ort. ... Mehrere Tage vor der Dunkelheit hatte der Wind aus verschiedenen Richtungen geblasen, aber hauptsächlich von Südwesten nach Nordwesten. Man kennt nicht die Ursache für dieses bemerkenswerte Phänomen."[15]

Es gibt noch eine Zeugenaussage: „Mehrere Tage lang war die Luft wie von Rauch oder Dampf erfüllt, sodass man ohne Probleme direkt in die Sonne blicken konnte. ... Die Mondscheibe war in der Nacht von Dienstag, Mittwoch und Donnerstag kupferfarben, sie sah wie bei einer vollständigen Mondfinsternis aus."[16]

50 Jahre später erfüllte sich eine andere Vorhersage Jesu als Teil der Zeichen seiner Wiederkunft. Dieses Ereignis ging wie folgt in die Geschichte ein: „Um die Bezeichnung ‚Meteoritenregen', in Verbindung mit dem Fall der Sterne, besser verstehen zu können, müssen wir in den Geschichtsbüchern nachschlagen. Wir müssen einen Blick auf den Morgen des 13. Novembers 1833 werfen, als alle Bewohner dieses Kontinents Zeugen der spektakulärsten Erscheinung wurden, die die Natur in jener Nacht hervorbringen konnte. Was sie sehen konnten, war ein Meteoriten- oder Sternschnuppenregen im wahrsten Sinne des Wortes. Der Himmel war knapp vier

---

15 *Wörterbuch Webster* (Ausgabe von 1869).

16 *Evening Post*, Philadelphia, Pennsylvania (6. Juni 1780, S. 62).

Stunden lang buchstäblich hell erleuchtet. ... Wissenschaftler bestätigen, dass allein über den Vereinigten Staaten und Kanada über eine Billion Sternschnuppen zu sehen waren."[17]

Das war nur eine Teilerfüllung der Zeichen, aber diese Prophezeiung Jesu, die über seltsame Phänomene an Sonne, Mond und Sternen spricht, wird sich kurz vor seiner Wiederkunft auf endgültige Art und Weise erfüllen. Dies mag unwahrscheinlich klingen, aber es ist im Wort Gottes festgehalten; und wenn bis heute alles in Erfüllung gegangen ist, warum sollte sich diese Prophetie nicht auch erfüllen?

Trotz dieser Dinge brauchen wir keine Angst zu haben. Die Liebe Gottes kann unsere Herzen mit Hoffnung erfüllen. Die Hoffnung des Christen ist Sicherheit, Gewissheit und Vertrauen, auch wenn es auf den ersten Blick keine Lösung gibt.

Es geschah vor vielen Jahren. Mein kleiner, sechs Jahre alter Sohn hatte sich im Zentrum einer Zwei-Millionen-Einwohner-Großstadt verirrt. Meine Frau und ich rannten von einem Ort zum anderen und versuchten, ihn wiederzufinden. Wir waren erst vor Kurzem nach Brasilien gekommen, sodass wir uns noch nicht so gut auf Portugiesisch verständigen konnten. Wir weinten voller Verzweiflung. Was konnten wir tun? Wohin sollten wir gehen? Der Junge war wie vom Erdboden verschluckt. Das Kind zwischen so vielen Menschen zu finden, käme der berühmten Nadel im Heuhaufen gleich.

---

17 Peter M. Millman, *„Der Sternenfall"*, Telescope, Nr. 7 (Mai/Juni 1940, S. 57).

Ein Polizist sprach uns an, als er uns so verzweifelt sah:

„Die Polizei sucht bereits nach Ihrem Jungen. Wenn er noch im Stadtzentrum ist, werden wir ihn finden, sobald die Geschäfte schließen."

So geschah es auch. Um 18:00 Uhr leerte sich allmählich das Stadtzentrum. Die Geschäfte wurden geschlossen. Die Angestellten gingen nach einem langen Arbeitstag nach Hause, die Straßen leerten sich, die Schatten der Nacht begannen, wie mit einer schwarzen Decke die Stadt einzuhüllen. Es blies ein kalter Juniwind.

Wir suchten voller Verzweiflung weiter nach unserem Kind. Schließlich fanden wir ihn zu unserer großen Freude. Er saß auf einem liegengelassenen Karton und spielte mit einem Stein. Er war sich des Leides seiner Eltern in keinster Weise bewusst. Dort wähnte er sich in seiner kindlichen Naivität sicher. Voller Freude herzten und küssten wir ihn. Später, als wir zu Hause waren, fragte ich ihn:

„Hattest du keine Angst?"

„Angst? Nein, warum?", fragte er arglos.

„Wenn sich Kinder verlaufen, haben sie Angst", sagte ich.

Er sah mich überrascht an und versicherte mit Nachdruck:

„Ich hatte mich nicht verlaufen, ich habe nur auf dich gewartet. Wolltest du mich nicht abholen?"

Schau dich um. Siehst du die dunkle Nacht der Naturkatastrophen? Erdbeben, Hurrikans und Stürme machen uns große Angst. Die wissenschaftlichen Prognosen sind erschreckend. Inmitten all dieser Erwartungen von dunklen Vorzeichen möchte ich, dass du weißt, dass

Jesus bald kommen wird, um dich abzuholen. Du bist nicht verloren. Es gibt Hoffnung. Die Morgenröte eines ewigen Tages ist bereits zu sehen. Während der Tag anbricht, lade ich dich ein, das Versprechen zu lesen, das Gott dir gibt: „Wenn du durch Wasser gehst, will ich bei dir sein, dass dich die Ströme nicht ersäufen sollen; und wenn du ins Feuer gehst, sollst du nicht brennen, und die Flamme soll dich nicht versengen." (Jesaja 43,2)

Die Entscheidung liegt bei dir.

KAPITEL 6

Eine herzlose Gesellschaft

„Das sollst du aber wissen, dass in den letzten Tagen schlimme Zeiten kommen werden. Denn die Menschen werden viel von sich halten, geldgierig sein, prahlerisch, hochmütig, Lästerer, den Eltern ungehorsam, undankbar, gottlos, lieblos, unversöhnlich..." (2. Timotheus 3,1–3) „Und weil die Ungerechtigkeit überhand nehmen wird, wird die Liebe in vielen erkalten."

Matthäus 24,12

Erste Szene. Mitternacht. Das Paar schläft ruhig. Eine junge Frau betritt das Zimmer auf Zehenspitzen. Sie vergewissert sich, dass die Eigentümer des Hauses schlafen, schaltet das Alarmsystem aus und macht das Licht in der Diele an, um zwei anderen jungen Leuten den Weg ins Haus zu erleichtern. Während diese das Haus betreten, sucht die junge Frau nach Gummihandschuhen und Nylonstrümpfen, um Hände und Gesicht zu bedecken. Wenige Minuten später dringen sie ins Schlafzimmer ein und bringen den schlafenden Mann und seine Frau mit einer Schaufel um. Die jungen Männer schlagen auf die Opfer ein. Die junge Frau beobachtet alles, ohne die geringste Gefühlsregung zu zeigen. Nach dem Mord geht sie mit einem der jungen Männer, der ihr Freund ist, in ein Motel und sie denken sich ein Alibi aus. Um 3:00 Uhr morgens kommt die älteste Tochter des ermordeten Ehepaares nach Hause. Sie war unterwegs, und bevor sie nach Hause zurückfährt, holt sie ihren jüngeren Bruder ab, der sich in einem Lokal mit Computerspielautomaten aufhält. Als sie zu Hause ankommen, finden sie das schreckliche und blutige Szenario vor. Die Eltern sind auf grausame und gewalttätige Weise ermordet worden. Die Tochter ist verzweifelt und verflucht diejenigen, die zu so einer Tat fähig waren.

Am nächsten Tag auf der Beerdigung weint sie hemmungslos und fällt fast in Ohnmacht.

Einige Tage später forscht die Polizei die Mörder aus. Die eigene Tochter dieses Ehepaares hatte sich diesen boshaften Plan ausgedacht. Ja, es ist dasselbe Mädchen, das am Tag der Beerdigung ihrer Eltern so hilflos weinte.[1]

Eine Szene aus irgendeinem Horrorfilm? Nein. Pure Realität. Der Fall ereignete sich in einer großen Stadt, und die Nachricht war überall auf der Welt zu hören. Was ging im Kopf des 18-jährigen Mädchens vor, um so etwas Schreckliches zu tun? Dafür gibt es keine Erklärung. In der Heiligen Schrift steht jedoch, dass es in den letzten Tagen Menschen geben wird, die „den

---

[1] „Verdades e mentiras de Suzane Von Richthofen", *Magazin VEJA*, Ausgabe Nr. 1951 (12. April 2006).

Eltern ungehorsam, undankbar, gottlos, lieblos, unversöhnlich" sein werden (2. Timotheus 3,2.3).

Zweite Szene. Als die gesamte Welt gerade dabei ist, aus dem Albtraum zu erwachen und voller Solidarität ihre Augen auf die vom zerstörerischen Tsunami von 2004 betroffenen Völker zu richten, entdeckt die Polizei eine organisierte Gruppe, die auf der Suche nach Waisenkindern ist, um sie zur Prostitution zu zwingen oder ihnen Organe zu entnehmen und diese zu verkaufen.[2] Die Öffentlichkeit reagiert empört. Menschliche Hyänen, die aus fremdem Leid Profit schlagen. Kann man tatsächlich den letzten Funken Mitleid verlieren? Die Tatsachen, welche die Nachrichtensendungen füllen, sprechen dafür.

―――

Während ich mit einem Freund zu Mittag esse, sprechen wir über diese Ereignisse. Voller Empörung ruft er fast instinktiv aus:

„Ich würde diese Wilden töten; sie sind wie Tiere, sie verdienen es nicht zu leben."

Sogleich treibt es ihm die Schamesröte ins Gesicht und er entschuldigt sich:

„Es tut mir leid. Ich vergaß, dass ich Christ bin; ich sollte nicht so denken."

Ohne sich dessen bewusst zu sein, erfüllt er gerade eine andere Prophezeiung der letzten Tage. Jesus hatte es bereits gesagt: „Und weil die Ungerechtigkeit über-

---

[2] *Magazin VEJA*, Ausgabe Nr. 1886 (5. Januar 2005).

hand nehmen wird, wird die Liebe in vielen erkalten." (Matthäus 24,12)

Dritte Szene. Eine bedeutungslose Stadt im Landesinneren. Die Nacht ist ungewöhnlich dunkel. Es regnet in Strömen. Joaquín und seine Frau kommen von einer Hochzeit zurück. Sie waren Trauzeugen und sind festlich gekleidet. Sie unterhalten sich freudig und erinnern sich an Szenen ihrer eigenen Hochzeit. Die Jahre sind vergangen und sie lieben sich mehr denn je. Gott hat ihnen zwei wundervolle Kinder geschenkt. In jener Nacht sind die Kinder mit dem Kindermädchen zu Hause geblieben. Ihre angeregte Unterhaltung wird durch etwas Ungewöhnliches zu dieser frühen Stunde unterbrochen. Auf der einsamen Landstraße ist ein Pärchen in Schwierigkeiten, sie rufen um Hilfe. Allem Anschein nach haben sie eine Autopanne und brauchen Hilfe. Trotz des Regens entschließen sich Joaquín und seine Frau zu helfen. Das erweist sich als folgenschwerer Fehler. Innerhalb weniger Minuten wird Joaquíns Gesicht durch eine Gewehrkugel zerfetzt, er stirbt. Seine Frau wird vergewaltigt und halb tot zurückgelassen. Sie wird Jahre brauchen, um sich zu erholen. Die zwei kleinen Kinder, die in so zartem Alter zu Halbwaisen gemacht wurden, werden niemals verstehen können, warum die Hilfsbereitschaft der Eltern mit dem Tod bestraft wurde. Die Verbrecher konnten bis heute nicht gefasst werden. Würdest du, nachdem du so eine Geschichte gehört hast, den Mut aufbringen, auf der Landstraße zu halten, um jemandem zu helfen?

Wir leben in einer gefährlichen Zeit. Der Apostel Paulus sagte es bereits. In den letzten Tagen wird es

Menschen geben, die „wild, dem Guten Feind, Verräter, unbedacht, aufgeblasen" sind. Jeder hat Angst vor jedem. Keiner vertraut dem anderen. In den großen und kleineren Städten stehen an jeder Ecke Banden. Die Starken nutzen die Schwachen aus. Die Metropolen haben sich in richtige Dschungel verwandelt. Die Raubtiere sind die Menschen selbst.

Die Liebe erkaltet in vielen. An der Straßenecke siehst du ein hilfloses Kind, das bettelt, und etwas weiter entfernt beobachtest du die Ausbeuter des Kindes, die auf den täglichen Gewinn warten. Du fühlst dich ausgenutzt. Deine Gefühle der Solidarität für den Schutzlosen lösen sich in Luft auf. Du fühlst dich verhöhnt und im Inneren verletzt. Du nimmst dir vor, nie wieder der Dumme zu sein.

Du stehst vor der Tür deines eigenen Hauses. Eine erschöpfte Frau mit einem Kind in den Armen bittet dich um etwas Wasser. Dein Herz möchte gerne helfen. Du gehst in die Küche und holst ein Glas Wasser. Als du zurückkommst, ist die fremde Frau weg. Sie ist mit dem Laptop verschwunden, der im Wohnzimmer lag.

Hast du noch Lust, anderen zu helfen? Dein christlicher Geist drängt dich, es zu tun. Trotz des Betrugs und der Frustration hilfst du weiter, aber die Mehrheit der Leute denkt zweimal darüber nach, bevor sie eine helfende Hand ausstreckt. Die Liebe ist in vielen erkaltet. Jesus hat es vorausgesagt. Die Bosheit würde zunehmen, und die Zahl der solidarischen Menschen würde abnehmen. Warum geht der Mensch so vor? Es gibt eine Leere in seinem Herzen. Er selbst versteht die Sinnlosigkeit seines Handelns nicht. Er kann es nicht erklären. Er weiß nur, dass er nach etwas sucht, und auf seiner verrückten Suche nach dem Sinn des Lebens verletzt er sich selbst und andere. Es ist ihm egal, dass es oft genug die Menschen sind, die er am meisten liebt.

Während ich diese Seiten schrieb, verschaffte sich die Polizei, nachdem sie einen anonymen Hinweis erhalten hatte, Zugang zu einer Wohnung im wohlhabendsten Viertel einer großen Stadt. Sie fanden dort ein Bild des Grauens vor, das selbst die unsensibelsten Menschen erschüttert hätte. Im Hauswirtschaftsraum der Wohnung fanden die Beamten ein zwölfjähriges Mädchen, dessen beide Arme ausgestreckt und an eine Metallleiter gebunden waren. Ihre Füße berührten kaum den Boden. Ihr Mund war mit einer in Pfeffersoße getränkten Mullbinde verbunden. Acht ihrer Finger waren gebrochen. Die meisten Nägel waren ihr herausgerissen worden. „Ich zitterte so stark, dass ich Schwierigkeiten hatte sie loszubinden", gesteht ein hartgesottener Polizist, der daran gewöhnt ist, Horrorszenen zu sehen. Was diesen Fall besonders grausam macht, ist die Tatsache, dass der Urheber dieser Szene häuslicher Gewalt die Adoptivmutter des Mädchens ist.[3]

Das ist nichts Ungewöhnliches. Es kommt tagtäglich in allen Erdteilen vor. Bosheit. Gewalt. Missbrauch. Sogar innerhalb der Familie.

---

3 „Como alguém é capaz de fazer isso?", *Magazin VEJA*, Ausgabe Nr. 2053 (26. März 2008).

In seinem neuen Buch, *Die Welt ohne uns*[4], beschreibt Alan Weisman, wie eine Erde ohne Menschen aussehen könnte. Vielleicht wäre sie besser. Ich persönlich glaube es nicht. Ich denke, dass die Menschheit aufgrund ihrer Abkehr von Gott verloren ist. Es gibt keine andere Erklärung. Die Behauptung von Hobbes war noch nie so relevant wie heute: Der Mensch ist dem Mensch ein Wolf.

Es sind die frühen Morgenstunden eines Junitages. Sirlei, eine arme, ums Überleben kämpfende Hausangestellte, die von einem Monatsgehalt von nur 200 Dollar lebt, wartet auf den Omnibus, der sie zu einer Arztpraxis fahren soll. Sie muss dort früh ankommen, um einen Warteplatz zu ergattern. Ungeduldig schaut sie mehrmals auf die Uhr. Der Bus verspätet sich. In einigen Metern Entfernung brechen sich die Wellen mit lautem Krachen, so als würden sie eine Tragödie ankündigen. Sirlei denkt an ihren 3-jährigen Sohn, der zu Hause geblieben ist. Er ist der Grund all ihrer Bemühungen. Plötzlich wird sie gewaltsam aus ihren Gedanken gerissen. Ein heftiger Schlag ins Genick bringt sie zu Fall. Dann spürt sie einen Fußtritt im Gesicht. Instinktiv versucht sie, sich mit den Armen zu schützen. Ohne Erfolg. Es hagelt Schläge und Fußtritte von allen Seiten. Ihr Mutterinstinkt lässt sie an ihren Sohn denken. Sie versteht nicht, was gerade geschieht. Kein Mensch könnte es begreifen. Bis zum heutigen Tag bemüht sich die Gesellschaft darum, zu verstehen, warum fünf Universitätsstudenten aus der

---

4 Alan Weisman, „*The World without Us*", New York Times Best Seller and TIME Magazine's (NY, USA, St. Martin's Press, 2000).

Mittelschicht Vergnügen daran fanden, eine wehrlose Frau zu attackieren. Sie wurden fünf Tage später verhaftet. Die Eltern der Verbrecher sagten aus, dass die Täter nur Spaß haben wollten. Sirlei wurde nur deshalb nicht umgebracht, weil eine Prostituierte, die zu dieser Zeit unterwegs war, um Hilfe schrie.[5]

Warum ist der Mensch nicht glücklich? Was fehlt ihm? Wonach sucht er so verzweifelt und findet es doch nicht? Der Mensch unserer Zeit ist ein Wesen, das in ständiger Verzweiflung lebt. Er kann argumentieren, diskutieren, aus vollem Halse schreien, um es zu leugnen, aber er ist ein unzufriedenes Wesen. Nichts, was er erreicht, ist genug. Dann verirrt er sich im Durcheinander seiner Wünsche, er fällt ins Chaos, er geht im Treibsand seiner Dummheiten unter und leidet.

Der maßlose Drogenmissbrauch ist entsetzlich. Jedes Jahr werden weltweit 150 Milliarden US-Dollar für den Drogenkonsum ausgegeben. Wir haben es hier mit einer der profitabelsten Branchen zu tun; sie belegt den zweiten Platz, gleich hinter der Erdölindustrie. Wenn man dieser Zahl noch die Ausgaben für den Tabakkonsum, 204 Milliarden Dollar, und für Alkohol, 252 Milliarden Dollar, hinzufügt, wird man sich der vollständigen Umkehr der Werte in unserer Gesellschaft bewusst.[6]

Man glaubt, es sei „notwendig", eine Legalisierung der Drogen zu prüfen, um eine radikale Wende in der aktuellen Situation von Korruption innerhalb der Polizei

---

5 „Socos, pontapés...", *Magazin VEJA*, Ausgabe Nr. 2015 (4. Juli 2007).

6 Patricia Costa, „Drogas: combater ou legalizar?", www.senac.br.

sowie anderer Verbrechen herbeizuführen, die mit dem Drogenhandel und -konsum in Verbindung gebracht werden.[7]

Als Jesus diesen Menschentypus als Zeichen der letzten Tage erwähnte, verdammte er die Menschen nicht dazu, so zu leben, sondern er beschrieb einfach die Situation. Die jungen Menschen, die die oben erwähnten Grausamkeiten begingen, entschieden sich aus freien Stücken für diesen perversen Weg. Sie beschlossen, gewalttätig zu sein und einen Mitmenschen schlimmer als ein Tier zu behandeln. Es gab kein Motiv. Sie wollten nicht stehlen, sie hatten Geld. Einer von ihnen war vor Kurzem von einem sechsmonatigen Aufenthalt in Australien zurückgekehrt, wo er unter dem Vorwand, Englisch lernen zu wollen, den ganzen Tag auf dem Meer surfte.

Ein Soziologe versuchte, das Benehmen dieser jugendlichen Verbrecher damit zu erklären, dass sie aus einer Kultur der Straflosigkeit hervorgingen, die unsere Gesellschaft derzeit erlebt. Das stimmt aber nicht. So sagt es der Prophet Jeremia: „Es ist das Herz ein trotzig und verzagt Ding; wer kann es ergründen?" (Jeremia 17,9)

Das Problem des Menschen ist sein verrücktes und verzweifeltes Herz. Es ist von Natur aus gewalttätig. Es ist ein schlechtes, betrügerisches und verräterisches Herz. Es ist pervers, blutrünstig und grausam. Die Erziehung kann das Benehmen veredeln. Man kann lernen, seine wahren Absichten zu kaschieren. Man kann Hemd und Krawatte tragen, aber die Erziehung vermag nicht, das

---

[7] Eliot Spitzer, „The Fall of Ethics Man", *The Economist*, 11. März 2008.

Herz zu verändern. Es wird weiterhin unredlich und selbstsüchtig sein, aber auf raffinierte Art und Weise. Hinter seinen leidenschaftlichen Reden für den Frieden fördert es den Krieg. Fünf der Staaten, die am meisten vom Waffenhandel profitieren, sind Mitglieder des Weltsicherheitsrates der UNO.[8]

Nur Jesus ist in der Lage, das Herz zu verändern. Er fängt nicht außen an. Seine Arbeit beginnt im Inneren, an der Wurzel des Problems. „Und ich will ihnen ein anderes Herz geben und einen neuen Geist in sie geben und will das steinerne Herz wegnehmen aus ihrem Leibe und ihnen ein fleischernes Herz geben." (Hesekiel 11,19)

Im Laufe meines Lebens war ich Zeuge der Verwandlung, die Jesus im Leben der Menschen vollbringen kann, die ihn als ihren Erlöser annehmen. Für Jesus gibt es keine hoffnungslosen Fälle. Alle Menschen können zurückgeholt werden.

Eines Tages kam er nach Bethanien und stellte fest, dass sein Freund Lazarus verstorben war. Er war seit vier Tagen tot. Sein Körper verweste bereits. Es roch schlecht. Niemand konnte sich vorstellen, dass es für solch ein Problem eine Lösung geben könne. Wissenschaft und Technik waren machtlos, Geld oder irgendetwas anderes konnten auch nicht helfen. Aber Jesus kam dort an, und wenn Jesus ankommt, kommt auch das Leben an, denn er ist das Leben.

---

8 Juan Carlos Casté, *Welternährungsforum*, Rom 1974, www.catolicismo.com.br.

Die Geschichte ist sehr gut bekannt. Jesus befahl: „Lazarus, komm heraus!", und der Tote stand auf. Ich durfte sehen, wie Jesus auch heute dieselben Wunder wirkt. Ich werde täglich Zeuge solcher Wunder in allen Ländern, in denen ich Evangelisationen durchführe. Geistliche Tote werden zum Leben erweckt, kaputte Familien heilen, zerstörte Träume werden Wirklichkeit. Jesus ist das Leben, und wo er Einlass findet, kann es nur Leben in Fülle geben.

In einer Stadt mit einer der höchsten Kriminalitätsraten weltweit lernte ich Andrés kennen. Er hatte einen schlechten Ruf. Er verbüßte eine mehrjährige Haftstrafe. Im Gefängnis fand er den Herrn Jesus Christus. Während einer eiskalten Winternacht lag Andrés im Sterben. Er zitterte vor Kälte, war fast erfroren und wartete auf den Tod. Unter diesen Umständen hörte er mich im Radio. Es war das Radio eines Mithäftlings. In jener Nacht berührte der Geist Gottes sein Herz. Er hatte schon oft von Jesus gehört. Aber er war der Meinung, Religion sei nur etwas für Schwächlinge. Er hatte sich immer für mutig gehalten. Bis an die Zähne bewaffnet hatte er vielen Menschen Leid und Elend gebracht. Er war bösartig und grausam. Er hatte sich in früher Jugend für den Weg des Verbrechens entschieden und beschuldigte die Gesellschaft, ihm keine andere Wahl gelassen zu haben.

In jener Nacht würde er in einigen Minuten sterben, und der Tod machte ihm Angst. Mitten im Todeskampf verstand er, dass Gott ihn liebt, und dass er ihm ein neues Herz schenken möchte. Er flehte Gott an. Er schrie zu Jesus, bat um eine zweite Chance und schlief ein.

Am nächsten Tag sah er die Sonne durch das Fenster scheinen. Er befand sich im Krankenzimmer des Gefängnisses. Die Sonnenstrahlen kämpften sich durch den dichten Nebel.

„Ich war am Leben", sagte er mir, ohne seine Gefühle verbergen zu können; „ich war nicht gestorben. Gott schenkte mir eine zweite Chance."

Seit jener Nacht in der eiskalten Gefängniszelle sind 30 Jahre vergangen. Andrés ist heute ein lebendiges Zeugnis für die umwandelnde Kraft Christi. Er ist frei und macht eine wunderbare Arbeit zusammen mit einer Nichtregierungsorganisation, die kriminelle Kinder auffängt.

Der wunderbare Christus, der in Andrés' Leben eintrat, als dieser im Sterben lag, kann, wenn du es erlaubst, auch in dein Herz kommen. Lies, was Jesus zu dir sagt: „Kommt her zu mir, alle, die ihr mühselig und beladen seid; ich will euch erquicken." (Matthäus 11,28)

Das Leben ohne Jesus ist eine niederdrückende Last. Die Erschöpfung des Geistes, welche die Menschen Depression nennen, ist zu einer Krankheit geworden, die viele Menschenleben zerstört, ohne sie zu töten. In den letzten Jahren haben wir eine elegantere Bezeichnung für dieses Leiden gefunden, aber dahinter steckt auch heute noch die Sinnlosigkeit der Dinge, der Lebensüberdruss. In dieser Situation kommt nun Jesus und sagt zu dir: „Komm zu mir." Der Herr Jesus verspricht dir Ruhe und Frieden. Ist es nicht das, wonach du dich so sehnst?

Die Entscheidung liegt bei dir.

KAPITEL 7

Eine erotisierte Generation

„Darum hat sie Gott dahingegeben in schändliche Leidenschaften; denn ihre Frauen haben den natürlichen Verkehr vertauscht mit dem widernatürlichen; desgleichen haben auch die Männer den natürlichen Verkehr mit der Frau verlassen und sind in Begierde zueinander entbrannt und haben Mann mit Mann Schande getrieben und den Lohn ihrer Verirrung, wie es ja sein musste, an sich selbst empfangen."

Römer 1,26.27

Sonntag in Amsterdam. Die Sonne hebt sich wie ein glanzvoller Feuerball vom tiefblauen Himmel ab. Die bunten Tulpen bringen Farbe in die Gärten und bieten eine schöne Kulisse für die Feier. Es sind viele Leute da. Fröhliche und lebenslustige Menschen. Mittendrin erzählt ein Pärchen, während es Händchen hält und Zärtlichkeiten austauscht, den Reportern Details seiner erst kürzlich stattgefundenen Hochzeit. Die Frischvermählten erzählen von ihrer Absicht, ein Baby zu adoptieren. Von Zeit zu Zeit schauen sie sich mit leidenschaftlichen Blicken an und lächeln. Nichts entgeht den Kameras der internationalen Presse, die via Satellit die Nachricht in die ganze Welt senden.

Eigentlich enthält diese Nachricht nichts Außergewöhnliches. Diese Nachricht wäre eigentlich zu banal für die Presse, wenn das Pärchen, um das es geht, nicht ein Paar außerhalb der Norm wäre: nämlich zwei Männer, die gerade aus der Kirche kommen, in der sie den „Ehesegen" empfangen haben.

Dies ereignete sich in den Niederlanden im Jahr 2001. Später wiederholte sich die Szene in Belgien, Kanada und auch im US-Bundesstaat Massachusetts. Anfangs wurde in vielen Ländern für den Schutz der Familie, der Moral und der guten Sitten protestiert. Unzählige waren der Meinung, das Ende der Welt sei gekommen. Heute, nur wenige Jahre nachdem man solche Art Eheschließungen als Skandal betrachtete, welche die Aufmerksamkeit der internationalen Presse auf sich zogen, werden Zivilehen zwischen homosexuellen Partnern in Argentinien, Dänemark, Deutschland, Frankreich, Portugal und anderen Ländern gesetzlich anerkannt.[1] Und so wie es mit allen Aspekten des menschlichen Tuns geschieht, wurde aus einer Modeerscheinung eine Gepflogenheit und die Gepflogenheit wurde Teil der Kultur.

Auf der letzten Gay-Pride-Parade in Brasilien gingen 2,5 Millionen Menschen auf die Straße.[2] Man hatte noch nie zuvor so eine große Mobilmachung in São Paolo erlebt. Es sah aus wie ein ausgelassener und bunter

---

1 „Special Report. Homosexual Civil Union", www.traditionalvalues.org.

2 „Marcha do Orgulho Gay 2007", www.esquerda.net.

Karnevalsumzug mit dekorierten Wägen und Plakaten mit Forderungen. Diese Paraden finden jedes Jahr in anderen großen Städten der Welt statt. Die Homosexuellen, die sich früher verstecken mussten, haben heute keine Bedenken, auf die Straße zu gehen, um ihre Rechte einzufordern. Sie dürfen das natürlich tun. Sie haben Rechte wie jeder andere Mensch auch. Darum geht es hier nicht. Was unsere Aufmerksamkeit fesselt, ist die dramatische Art und Weise, in der die biblische Prophetie ihre Erfüllung findet. Der Herr Jesus hatte vorhergesagt, dass in den letzten Tagen diese Verhaltensweisen Teil der Kultur der Menschen sein würden.

Wenn es nur um Menschen ginge, die nichts mit dem Christentum zu tun haben, wäre es leicht zu verstehen. Schließlich hat eine Person, die nicht an den jüdisch-christlichen Gott glaubt, keine biblischen Verhaltensmaßstäbe.

Es sind aber nicht nur die Ungläubigen betroffen. In christlichen Kreisen erheben sich auch Stimmen, die die Idee verteidigen, nach welcher „die vernünftige und intelligente Analyse der Bibel zeigt, dass alle Menschen, unabhängig von ihrer Herkunft, ihrem Geschlecht und ihrer sexuellen Orientierung von Jesus angenommen wurden, und man folglich nicht erkennen kann, warum sich Homosexuelle und Lesben in ihrer Art zu leben irren."[3]

---

[3] Marcia Freitas, „Aceitacao de padres gays é inevitavel, diz reverendo brasileiro", www.bbc.co.uk/portuguese/reporterbbc/story/2004/10/041019_reverendogay mp.shtml.

Das sind die Worte von Mario Ribas, Theologieabsolvent der Universität Princeton, Neuengland, mit Masterabschluss in Religionswissenschaften und Pastor einer großen evangelikalen Kirchengemeinde.

Was ist mit der christlichen Welt los? Warum wird plötzlich etwas, das die Bibel Sünde nennt, als normal betrachtet und die Akzeptanz der Homosexualität als „ein Ausdruck der Gnade Christi" bezeichnet? Die Worte Jesu, die in der Bibel festgehalten sind, besagen, dass es in den letzten Tagen so sein würde: „Ebenso wie es geschah zu den Zeiten Lots ... Auf diese Weise wird's auch gehen an dem Tage, wenn der Menschensohn wird offenbar werden." (Lukas 17,28–30)

Wie war es zu den Zeiten Lots? Im 1. Buch Mose wird darüber berichtet. Die Einwohner Sodoms waren so verdorben, dass sie versuchten, die Tür von Lots Haus einzutreten, um zwei Männer herauszuholen, die bei Lot zu Gast waren, um Sex mit ihnen zu haben. Aus diesem Grund findet man im Wörterbuch noch eine alte Bedeutung des Begriffs „Sodomie", mit dem jegliche Art widernatürlicher Sexualpraktiken bezeichnet wurde, die nicht der Fortpflanzung dienten, insbesondere homosexuelle Praktiken. Zu den Zeiten Lots war Homosexualität eine Modeerscheinung, und Gott zeigte sein Missfallen am menschlichen Verhalten jener Tage (1. Mose 19,1–11).

Jesus sagte voraus, dass es in den letzten Tagen wie zu den Zeiten Lots zugehen würde.

Die Bibel lehrt, dass Gott alle Menschen liebt. Homosexuelle Menschen sind, wie jeder andere Mensch auch, das Ziel der Liebe und Gnade Gottes. Jesus kam jedoch nicht nur auf diese Erde, um dem Sünder Vergebung zu schenken, sondern um ihn zu verwandeln und einen neuen Menschen aus ihm zu machen. Der Apostel Paulus erklärt es mit einfachen Worten: „Auch ihr wart tot durch eure Übertretungen und Sünden, in denen ihr früher gelebt habt nach der Art dieser Welt, unter dem Mächtigen, der in der Luft herrscht, nämlich dem Geist, der zu dieser Zeit am Werk ist in den Kindern des Ungehorsams. Unter ihnen haben auch wir alle einst unser Leben geführt in den Begierden unsres Fleisches und taten den Willen des Fleisches und der Sinne und waren Kinder des Zorns von Natur wie auch die andern. … Ihr Verstand ist verfinstert, und sie sind entfremdet dem Leben, das aus Gott ist, durch die Unwissenheit, die in ihnen ist, und durch die Verstockung ihres Herzens. Sie sind abgestumpft und haben sich der Ausschweifung ergeben, um allerlei unreine Dinge zu treiben in Habgier. Ihr aber habt Christus nicht so kennengelernt. … Legt von euch ab den alten Menschen mit seinem früheren Wandel, der sich durch trügerische Begierden zugrunde richtet. … und zieht den neuen Menschen an, der nach Gott geschaffen ist in wahrer Gerechtigkeit und Heiligkeit." (Epheser 2,1–3; 4,18–20.22.24)

An dieser Stelle spricht der Apostel Paulus über Verwandlung. Alle Menschen, unabhängig davon, welche Sünden sie begangen haben mögen, bedürfen des Wunders der Bekehrung. Eine Bekehrung schließt Reue, Vergebung und Abkehr vom alten Lebensstil ein. Im Lichte der Worte von Paulus ist es ausgeschlossen, dass Gott – nur weil er die Liebe ist – menschliches Fehlverhalten einfach hinnimmt.

Mose ist kategorisch, wenn er den vergebenden Charakter Gottes beschreibt: „Herr, Herr, Gott, barmherzig und gnädig und geduldig und von großer Gnade und Treue, der da Tausenden Gnade bewahrt und vergibt Missetat, Übertretung und Sünde, aber ungestraft lässt er niemand." (2. Mose 34,6.7) Er straft nicht den, der irgendwann etwas Falsches tat, sondern den, der in seiner falschen Haltung beharrt.

Offensichtlich ist der gesellschaftliche Druck, etwas zu akzeptieren, was die Bibel verurteilt, ein weiteres Zeichen des Endes. Die offene Verbreitung der homosexuellen Liebe unter dem Vorwand, es handle sich nur um eine „andere sexuelle Ausrichtung", ist ein Beweis dafür, dass wir in den letzten Tagen leben.

Vor einigen Jahren gab es im Naturhistorischen Museum in Oslo eine Ausstellung über Homosexualität im Tierreich.[4] Die Aussteller vertraten die Meinung, dass wenn es unter Tieren Homosexualität gibt, und es ja nichts Natürlicheres gibt als die Tierwelt, so sei auch die homosexuelle Ausrichtung unter Menschen natürlich und könne infolgedessen nicht als Sünde bezeichnet werden.

Im Wörterbuch finden wir für das Wort „natürlich" folgende Definition: „das, was man entsprechend der Eigenschaft der Dinge tut". Es ist normal, mit dem Mund zu essen, aber wenn ich möchte, kann ich versuchen, mit den Ohren zu essen. Ich bin frei, es so zu tun, aber

---

[4] „Against Nature? An Exhibition on Animal Homosexuality", www.nhm.uio.no/againstnature/index.html.

ich kann nicht von den anderen verlangen, dass sie mein Tun als normal, natürlich und angebracht akzeptieren.

Unsere Generation hat die Richtung ihrer eigenen Natur verloren. Die Menschen dieser Generation leben fast nur für die Befriedigung der körperlichen Lust. Allein in den USA werden jährlich sagenhafte 13 Milliarden Dollar für Pornografie ausgegeben.[5] Wenn man den Computer einschaltet, sieht man sich oft genug mit einem pornografischen Angebot konfrontiert. In den meisten Fällen dreht sich beim Schreiben, Komponieren und Produzieren alles um Sex. Man findet kaum eine Werbung, die sich bei der Produktvermarktung nicht der Sexualität bedient. Der Mensch hat ein verrücktes Wettrennen auf der Suche nach einem Sinn für sein Sexualleben begonnen. Nichts befriedigt ihn wirklich. Auf dieser verrückten Suche fällt er oft in die Perversion und Abartigkeit. Dies alles geschieht, weil er den Sinn seines eigenen Lebens verkennt.

Was heißt das? Der Mensch ist ein körperliches, geistiges und seelisches Wesen. Das ist seine Natur. Er kann sich nicht zerteilen. Der Mensch muss die Dinge, die er in seinem Leben unternimmt, mit der Ganzheit seines Seins tun, damit diese Dinge einen Sinn ergeben. Sich aufzuteilen ist verhängnisvoll. Bei diesem Versuch bekommt sein Unterbewusstsein tiefe Wunden. Wunden, die sein Rationalismus nicht heilen kann. Er kann sich noch so sehr einreden, dass mit

---

5 Adam Tanner, „Indústria pornô dos EUA é desafiada por sites de Internet", http://br.reuters.com/article/internetNews/id-BRN1130693820080111.

ihm alles in Ordnung sei, dass das, was er tut, gut sei, solange nicht andere darunter leiden, und dass sein Intimleben Sache persönlicher Wahl oder Präferenzen sei; in Wirklichkeit jedoch sieht es anders aus. Seine menschliche Natur mit ihren physischen, mentalen und geistlichen Fähigkeiten akzeptiert das nicht.

Vielleicht gelingt es ihm, gesteuert durch seinen Instinkt, seine körperliche Dimension, sowie – von seinen eigenen Argumenten überzeugt – seine mentale Dimension anzunehmen, aber er akzeptiert nicht seine geistliche Komponente. Er protestiert mit dem verzweifelten Schrei des Herzens, der Schuld. Der Mensch kann alle möglichen Regeln austauschen, alle Verhaltensprinzipien abändern. Er kann das, was er als „veraltetes Establishment" bezeichnet, mit Füßen treten, aber er wird niemals das Schuldbewusstsein vernichten können, das sich jedes Mal auf unangenehme Weise meldet, wenn er etwas tut, das seine geistliche Natur nicht akzeptieren kann.

„Ich bin kein geistlich gesinnter Mensch", sagte mir eines Tages ein Mann, den ich im Gefängnis besuchte.

Er war dort, weil er ein Leben ohne Grenzen und Beschränkungen geführt hatte. Er wusste es noch nicht, aber er war ein geistlich gesinnter Mensch. Andernfalls hätte er nicht so sehr auf meinem Besuch bestanden. Das Problem der modernen Menschheit ist, dass wir nicht zugeben, auch eine geistliche Dimension zu haben. Aber die Tatsache, dass wir das nicht akzeptieren, ändert nichts an dieser Realität. Die Spiritualität unseres Seins hängt nicht von uns ab. Sie obliegt nicht unserer Kontrolle, weil der Schöpfer sie in uns hineingelegt hat. Unser Leben ist nur vollständig, wenn wir in Harmonie mit ihm leben und die Einheit und Gesamtheit unseres Wesens respektieren.

Ein Beispiel. Nimm einen kleinen Vogel und setze ihn in einen goldenen, mit Diamanten besetzten Käfig, füll den Käfig mit Wasser und Nahrung und rüste, wenn du möchtest, den Käfig mit einem Belüftungssystem aus, das sich seinen Bedürfnissen anpasst. Glaubst du, dass dieser Vogel eines Tages glücklich sein könnte? Niemals. Er hat eine Vogelnatur. Er wurde geboren, um zu fliegen. Ja, es stimmt, dass er Wasser und Nahrung braucht, aber das, was ihn glücklich macht, ist seine Freiheit.

Der Mensch denkt, er sei frei, weil er tun und lassen kann, was er will, aber er ist ein Gefangener des Genusses. Dr. Mario Veloso, Dichter, Autor und persönlicher Freund, sagt, dass die formale Freiheit nicht zum Leben genügt. Ein Staat oder eine Regierung garantiert die Freiheit des Körpers, nicht aber der Seele.

Die gleiche verzweifelte Angst der Menschen, die unter einem totalitären Regime leben, plagt genauso auch das Herz der Menschen, die in Ländern leben, in denen das Prinzip der Freiheit herrscht. Warum ist das so? Weil der Mensch psychologisch betrachtet ein Gefangener seiner Komplexe, Neigungen, Laster und Selbstsucht ist, seines Ehrgeizes und Neides sowie aller anderen Dinge, welche die dunkle Seite der menschlichen Psyche ausmachen.[6]

---

[6] Mario Veloso, *Libre para amar* (Buenos Aires : Asociación Casa Editora Sudamericana, 1984), S. 19–28.

Ein Gefangener kann nicht glücklich sein. Sein Leben dreht sich um den Genuss. Er drückt seine Gefühle aus, indem er Gewalt anwendet. Er genießt die Unmoral. Er verfälscht das Leben. Er schafft seltsame Philosophien. Schließlich ist jeder Mensch, der seine geistliche Dimension ignoriert, der Bauherr seines eigenen Gefängnisses. So unglaublich es auch klingen mag, sind nach Dr. Veloso die Fesseln, die den modernen Menschen am stärksten binden, die der Obszönität, der Pornografie, der Gewalt und der Homosexualität.

Der Autor David Levy veröffentlichte ein Buch mit dem Titel *Love and Sex with Robots* (dt. *Liebe und Sex mit Robotern*). Nach Untersuchungen über mögliche Beziehungen zwischen Menschen und Robotern kommt der Autor zum Ergebnis, dass für Menschen, die nicht dazu fähig sind, mit anderen Menschen befriedigende Beziehungen aufzubauen, durchaus die Möglichkeit bestünde, diese Art Beziehung mit Maschinen aufzubauen. Das ist ernst gemeint.[7]

Die Absicht Levys mag gut sein, aber damit Sexualität eine Quelle der vollkommenen Befriedigung und des Glücks für den Menschen sein kann, müssen Körper, Geist und Seele involviert sein. Wenn Sexualität nur auf der körperlichen Ebene stattfindet, ist sie frustrierend und hinterlässt den bitteren Nachgeschmack der Leere und der Unzufriedenheit.

Was tut also der Mensch, um auf den Schrei seines hilfesuchenden Herzens zu antworten? Er stürzt sich

---

[7] Interview von Charles Choi mit David Levy, *Scientific American Brasil* (April 2008).

kopfüber in alle Arten von pervertierten und schändlichen Handlungen. Er begibt sich in die Niederungen der Pädophilie und Sodomie, des Sadismus und Masochismus, der Homosexualität und sämtlicher Arten abnormen Verhaltens.

Dann erfüllt sich, wovon die Bibel spricht: „Darum hat sie Gott dahingegeben in schändliche Leidenschaften; denn ihre Frauen haben den natürlichen Verkehr vertauscht mit dem widernatürlichen; desgleichen haben auch die Männer den natürlichen Verkehr mit der Frau verlassen und sind in Begierde zueinander entbrannt und haben Mann mit Mann Schande getrieben und den Lohn ihrer Verirrung, wie es ja sein musste, an sich selbst empfangen." (Römer 1,26.27)

Von welchem Lohn spricht Paulus hier? Der Lohn sind sämtliche Plagen und Krankheiten, die unsere moderne Welt geißeln. Laut einer Studie des CDC (Center for Disease Control and Prevention) infizieren sich in den USA jährlich 19 Millionen US-Bürger mit Geschlechtskrankheiten, darüber hinaus leben über 65 Millionen mit sexuell übertragbaren Krankheiten.[8] AIDS dezimiert die Menschheit. Aktuell leben weltweit 35 Millionen AIDS-kranke Menschen. Allein im Jahr 2012 gab es 3,4 Millionen Neuansteckungen.[9] Schlimmer noch, jedes Jahr werden zweitausend Babys im Mutterleib infiziert.

---

[8] „Report of Center for Disease Control and Prevention (CDC)", *USA Today*, 25. März 2008.

[9] Siehe http://de.wikipedia.org/wiki/AIDS.

Dies alles wurde in der Bibel als Zeichen der letzten Zeit vorhergesagt. Jesus erklärte: „An dem Feigenbaum lernt ein Gleichnis: Wenn seine Zweige jetzt saftig werden und Blätter treiben, so wisst ihr, dass der Sommer nahe ist. Ebenso auch: Wenn ihr das alles seht, so wisst, dass er nahe vor der Tür ist." (Matthäus 24,32.33)

Es war am Nachmittag eines traurigen Tages. Für sie war es ein trauriger Tag. Sie war am Ende ihres Lebens angekommen. Ihre Träume waren tot. Die Männer verurteilten sie. Sie war auf frischer Tat ertappt worden, es gab keine Rettung für sie. Ihr Leben war voller Fehler. Sie hatte falsch geliebt. Sie hatte nach dem Gefühl des Geliebtseins gesucht und wurde dabei nur ausgenutzt. Sie hatte versucht, auf ihre Weise glücklich zu werden, aber alles, was sie davontrug, waren tiefe Verletzungen, die keiner heilen konnte.

Was macht ein Mensch, wenn er sich eines Fehlers bewusst wird und weiß, dass er es verdient, dafür bestraft zu werden? Er wiederholt den Fehler, damit der Schmerz, den er zu verdienen glaubt, größer wird. Sie hatte diesen Weg gewählt. Ein unglückseliger Weg, der sie bis an den Rand des Verderbens gebracht hatte. Ein leidvoller Weg, der ihr die Lebensfreude raubte. Ihre Werte waren verwässert, ihre Tugenden zerbröckelt. Sie fühlte sich vollkommen wertlos und schmutzig. Sie wusste, dass sie den Kurs ihres Lebens ändern musste, aber ihr fehlte die Kraft dazu, und in ihrer Einsamkeit fühlte sie sich verzweifelt. In dieser Situation fanden sie die Männer vor und schleiften sie zu Jesus. Sie war auf frischer Tat ertappt worden, deswegen sollte sie gesteinigt werden. Das Gesetz der Menschen ist gnadenlos. Es gibt keine Vergebung.

Da stand sie nun, mit ihrer hässlichen Vergangenheit und ihrer schrecklichen Gegenwart. Sie hatte keine Zukunft. Da stand sie nun, ruiniert, kaputt, am Ende. Da stand sie nun, gequält und verwundet durch das drückende Gewicht der Schuld, das ihr die Luft zum Atmen raubte. Sie, die Sünderin, die Verlorene, die Böse.

Dann erschien Jesus, die wunderbare Person. Gott sei Dank erscheint er immer dann, wenn wir ihn am dringendsten brauchen. So ist Gott: Er ist immer auf der Suche nach dir, er ruft dich und wartet auf deine Antwort.

Der Rabbi aus Galiläa fing stillschweigend an, im Sand zu schreiben. Die Kläger der armen Frau verschwanden einer nach dem anderen. Man hörte erneut die Stimme Christi:

„Wer ohne Sünde ist, der werfe den ersten Stein."

Keiner wagte, etwas zu tun. Die Straßen waren leer gefegt.

„Wo sind die, die dich verklagen?", fragte Jesus.

„Alle sind gegangen", antwortete die Frau.

Sie hatte nicht einmal den Mut, ihre Augen zu heben.

„Ich verurteile dich auch nicht", sagte der Herr. „Geh und sündige hinfort nicht mehr."

Mehr als zweitausend Jahre sind seitdem vergangen. Jesu liebevolle Stimme dringt weiterhin durch Zeit und Raum hindurch und erreicht auch uns. Sein Versprechen lautet: „Ich kann einen neuen Menschen aus dir machen, wenn du mir dein Herz gibst."

Welch eine wunderbare Einladung! Glaubst du daran? Wie wirst du auf diese Einladung reagieren?
Die Entscheidung liegt bei dir.

KAPITEL 8

Wirtschaftskrise

„Und nun, ihr Reichen: Weint und heult über das Elend, das über euch kommen wird! ... Siehe, der Lohn der Arbeiter, die euer Land abgeerntet haben, den ihr ihnen vorenthalten habt, der schreit ..."

Jakobus 5,1.4

In jener Nacht sah die Stadt São Paulo zauberhaft aus. Sie glich einer Dame, die sich für einen besonderen Anlass zurechtgemacht hatte. Unzählige Lichter verschönerten ihre Silhouette und ließen sie wie ein von Glühwürmchen bevölkerter Mikrokosmos erscheinen. Der Ausblick von der Terrasse des Italia-Gebäudes war herrlich und faszinierend.

Ich betrat das Restaurant und sah mich nach allen Seiten hin um. Der Empfangschef, ein großer blonder Mann mit künstlich anmutenden Umgangsformen, sprach mich so an, als würde er mich kennen:

„Herr Bullón?"

Ich nickte mit einem Lächeln. Dann führte er mich an einen abgelegenen Tisch im hinteren Teil des Restaurants. Der Mann, den ich suchte, war bereits dort und wartete auf mich. Er stand auf, wir begrüßten uns und nach einem kurzen belanglosen Gespräch kam er zum Punkt.

„Sie wissen, dass ich wohlhabend bin", sagte er in selbstsicherem Ton. „Ich kann alles kaufen, was ich mir gerade wünsche, überallhin reisen, alle meine Träume verwirklichen; aber wenn es Nacht wird, kann ich nicht schlafen. Ich fühle mich so, als würde ich jemandem etwas schulden. Es gibt Nächte, in denen ich bis zum Morgengrauen kein Auge zutue. Sagen Sie mir doch, was mir fehlt, aber bitten Sie mich nicht, Mitglied Ihrer Kirche zu werden, und sprechen Sie bitte nicht über Jesus."

Mich überraschte die Lebenseinstellung dieses Magnaten der Geschäftswelt. Dort saß er vor mir, schutzlos, und flehte mich fast an, ihm zu helfen, aber er wollte nichts von Jesus hören.

„Sie wissen, dass ich Pastor bin", sagte ich.

„Ja", antwortete er, „aber können Pastoren nicht über etwas anderes reden als über Religion?"

„Natürlich können wir das", sagte ich. „Ich könnte Ihnen etwas über die Börse oder über den aktuellen Wechselkurs des Dollar erzählen, wir könnten uns über Sport unterhalten oder über die Kultur der Länder, die ich bereist habe. Sie haben mir aber gerade eine sehr konkrete Frage gestellt. Sie wollen wissen, was Ihnen fehlt. Und mit Sicherheit fehlen Ihnen nicht Wertpapiere, Dollarscheine oder Kultur. Was Ihnen fehlt, ist ein spiritueller Sinn für Ihr Leben, aber Sie möchten nicht, dass ich über Jesus spreche. Was kann ich tun? Würde ich Ihnen sagen, dass die Lösung Ihres Problems in Indien wäre und dass es Sie eine Million Dollar kosten würde, würden Sie nicht einen Augenblick zögern. Sie würden die Vorbereitungen für die Reise in Ihrem Privatjet veranlassen, um sich sofort auf die Suche nach der ersehnten Lösung zu machen. Irre ich mich?"

Der Mann blinzelte ein paar Mal, trank einen Schluck Wasser aus seinem Glas und fand keine Antwort. Er war sich der Leere bewusst, die er spürte. Etwas stimmte nicht in seinem Leben. Am Anfang seiner Karriere, als er noch jung, voller Träume und ehrgeiziger Pläne war, glaubte er, Geld zu brauchen, um das Glück finden zu können. Er hatte all seine Kräfte gebündelt, um dieses Ziel zu erreichen, und er hatte es erreicht. Er war ein Millionär, und er hätte mit sich selbst zufrieden sein können, doch er war es nicht; er war verzweifelt und konnte die Ursache dafür nicht finden. Er suchte Hilfe, doch von Gott wollte er nichts hören.

Wir unterhielten uns noch eine Weile, dann nahmen wir voneinander Abschied, ohne zu einer Schlussfolgerung gekommen zu sein. Er war ein weiteres typisches Beispiel für den modernen Menschen. Er hatte das Geld zum Götzen erhoben, doch trotz seines Erfolges fühlte er sich leer und verzweifelt. Er suchte nach dem Sinn seines Lebens.

„Geld regiert die Welt" lautet das alte Sprichwort; und die Menschen haben sich seit grauer Vorzeit mit Leib und Seele der unermüdlichen Suche nach dem Geld gewidmet.

„Geld ist der Hebel, der die Welt bewegt", wiederholten die Goldsucher, während sie für das begehrte Metall im Dschungel des Amazonas ihr Leben riskierten.

Im Laufe der Zeit entwickelte sich aus jenem verrückten Wettlauf um das Geld die Kultur der heutigen Zeit. Des Geldes wegen werden Leben zugrunde gerichtet, wird das Gewissen der Menschen verdorben und werden Regierungen abgesetzt; Werte werden vernichtet und Prinzipien zerstört. Die Menschen denken, dass sie glücklicher wären, wenn sie mehr Geld hätten, und geizen deshalb nicht mit Zeit und Mühe, um dieses Ziel zu erreichen.

Das trifft zwar nicht unbedingt auf den Mann zu, der an jenem Abend mit mir sprach, aber viele werden bei ihrem verzweifelten Versuch, die Leere auszufüllen, die das Geld nicht füllen kann, Opfer der Habsucht: der Vergötterung des Geldes.

Der Geizige lebt einzig und allein, um zu sammeln. Er verwendet das Geld nicht, das er verdient. Er verliert den Bezug zur Realität. Er häuft Reichtümer an, die ihm zu nichts nutze sind. Er hat Angst, Geld auszugeben, arm zu werden. Auf seiner verrückten Suche nach Sicherheit verliert er sich selbst im Labyrinth der Habsucht und sogar des Unehrenhaften. Er möchte alles für sich selbst behalten. Er hat nie genug. Er kümmert sich nur um sich selbst, alle anderen sind ihm unwichtig. Der Apostel Paulus beschreibt diesen Menschentypus als ein weiteres Zeichen der letzten Zeit: „In den letzten Tagen werden schlimme Zeiten kommen. Denn die Menschen werden viel von sich halten, geldgierig sein ..." (2. Timotheus 3,1.2)

Natürlich hat es schon immer habsüchtige Menschen gegeben. Ungeachtet dessen hat sich der Reichtum noch niemals zuvor in so wenigen Händen befunden wie heutzutage. Der Kapitalismus wurde so ungezügelt und gefräßig, dass viele Menschen in eine Situation extremer Ausbeutung, Armut und Verzweiflung gedrängt worden sind.

Der Wunsch, Reichtümer anzuhäufen, bringt den Menschen dazu, die richtige Rangfolge der Werte zu verlieren. Dinge werden wertvoller als Menschen. Man denkt nicht an die Konsequenzen, man jagt einfach nur noch irgendwie dem Geld hinterher. Der Reiche möchte immer reicher werden. Er lügt, beutet aus, erpresst, besticht und wird bestochen, ohne einen einzigen Gedanken an seine Mitmenschen zu verlieren. Solche Menschen findet man in allen Bereichen menschlicher Aktivität wieder: in Unternehmen, in Regierungen und sogar in den Kirchen.

Der Leidtragende ist immer der Schwache und Schutzlose. Tagtäglich verringern sich seine Möglichkeiten und vergrößert sich seine Armut und Misere. Es kommt so weit, dass er hungert. Ein Beweis für das baldige Kommen Christi ist ebendiese Situation des maßlosen Reichtums Weniger und der maßlosen Armut Vieler.

Gemäß dem Welthungerbericht der UNO stirbt jede Sekunde ein Mensch an den Folgen von Unterernährung und Hunger. Besonders dramatisch ist die Tatsache, dass 70 % dieser Opfer Kinder unter 5 Jahren sind. Bei ihrer Geburt sind sie bereits zum Sterben verdammt. Die Habgier und der Wunsch nach Reichtum der Machthaber verwehrt ihnen die Chance zu leben.[1]

---

1 „Laut dem Welthungerbericht der FAO verschlingt der Hunger Millionen Menschenleben und Millionen Dollar", www.fao.org.

Zwischen dem 13. und 17. November 1996 fand in Rom der Welternährungsgipfel statt. Es waren 185 Länder vertreten. Sie hatten sich vorgenommen, bis zum Jahr 2015 den Hunger auf der Erde zu eliminieren. Kurz vor Ablauf der festgelegten Frist hat sich die Zahl der hungernden Menschen nicht verringert, sondern ist noch weiter gestiegen.[2]

Die Ursache für die meisten durch Hunger verursachten Todesfälle ist die chronische Unterernährung der Menschen. Die Familien sind schlicht nicht in der Lage, die nötigen Nahrungsmittel zu bekommen. Das Leben der Menschen, die unter dieser Situation leiden, entbehrt jeglicher Lebensqualität. Laut Schätzungen der FAO (UN-Organisation für Ernährung und Landwirtschaft) sollen weltweit mindestens 820 Millionen Menschen an Unterernährung und Hunger leiden.[3]

Die Bibel sagt uns, dass das Wehklagen dieser elenden Menschen schreckliche soziale Konflikte zwischen Kapital und Arbeit auslösen wird. Der Apostel Jakobus schreibt: „Und nun, ihr Reichen: Weint und heult über das Elend, das über euch kommen wird! Euer Reichtum ist verfault, eure Kleider sind von Motten zerfressen. Euer Gold und Silber ist verrostet und ihr Rost wird gegen euch Zeugnis geben… Ihr habt euch Schätze gesammelt in diesen letzten Tagen! Siehe, der Lohn der Arbeiter, die euer Land

---

[2] „Dokumente über den Welternährungsgipfel", www.cinu.org.mx/temas/desarollo/dessocial/alimentos/dec_plan_aliment1996.htm.

[3] Die FAO (UNO-Organisation für Ernährung und Landwirtschaft) wiederholt ihren Aufruf zur finanziellen Unterstützung für die Versorgung von 400 Millionen Menschen im Jahr 2015. www.consumers.es/web/es/solidaridad.

abgeerntet haben, den ihr ihnen vorenthalten habt, der schreit, und das Rufen der Schnitter ist gekommen vor die Ohren des Herrn Zebaoth." (Jakobus 5,1–4)

Ein ausgebeuteter Mensch ohne Gott ist buchstäblich eine geladene Waffe. Die Zeit wird den Abzug betätigen. Der Hunger ist überall auf der Welt die Wiege des Krieges. Die Armut, Entbehrung und Ungerechtigkeit, welche die Mächtigen den Benachteiligten auferlegen, sind die Hauptursachen für Bitterkeit und Aufruhr der Menschen. Ständige Armut und Unterdrückung bringen den Menschen in eine verzweifelte Situation innerhalb der Gesellschaft ohne jegliche Aussicht auf Besserung. Das Ergebnis davon ist, dass Menschen, auf die keine Rücksicht genommen wird, zu Terroristen, Verbrechern oder Mitgliedern aggressiver Bewegungen für soziale Mobilmachung werden.

Es ist erwiesen, dass hauptsächlich die Landbevölkerung und die Bewohner der Vororte großer Städte unter dem Mangel am Nötigsten für das Leben leiden. Von zehn armen Menschen, von denen einige ein Einkommen von unter 1 Dollar am Tag haben, wohnen sieben auf dem Land oder in den Vororten großer Städte. Diese Menschen können leicht dazu überredet werden, sich Guerilla-Gruppierungen anzuschließen, die zwar soziale Gerechtigkeit versprechen, die aber die bereits angeschlagene Wirtschaft der unterentwickelten Länder weiter zerstören. Andere schließen sich der Kriminalität, dem Drogenhandel und dem organisierten Verbrechen an.[4]

---

4 Tony Addison und S. Mansoob Murshed (2001), „From Conflict to Reconstruc-

Eine seriöse Studie über die heftigsten sozialen Konflikte deckt auf, dass es in den ärmsten Ländern, in denen es an allem fehlt und kein Wirtschaftsprogramm auf die wachsenden Forderungen der Bevölkerung antwortet, zu Revolten und einer hohen Kriminalitätsrate kommt. Menschen, die jahrzehntelang keinerlei Aussicht hatten, ihre Lebenssituation zu verbessern, halten es nicht länger aus und fordern schließlich die amtierenden Regierungen mit Gewalttaten heraus.

Die Mehrzahl der heutigen sozialen Konflikte hat ihren Ursprung im Gefühl der Ungerechtigkeit, Frustration und Verzweiflung. Fügt man noch Ungleichheit und Diskriminierung hinzu, dann resultiert daraus der in der Bibel vorhergesagte Klassenkampf als eines der Zeichen der nahen Wiederkunft Christi. Hinzu kommt noch das zunehmende Bewusstsein des Volkes für Ungleichheit und Ungerechtigkeit. Fast alle Menschen haben über Radio, Fernsehen und andere Kommunikationsmittel Zugang zu Informationen. Diese Medien fördern das Konsumdenken bei Menschen, die über die nötigen Mittel verfügen. Es werden auf plakative Weise Lebensstile und Produkte gezeigt, die für die allermeisten unerreichbar bleiben. In Folge dieser Globalisierung im Bereich der Information und der Kommunikation werden die Ungleichheiten extrem stark wahrgenommen. In den bedürftigsten Bevölkerungsschichten wachsen Empörung und Hass.

---

tion: Reviving The Social Contract", *Journal of Peace Research*. 40, no. 2 (2003): 159–176; „The Causes of Conflicts in Africa" (DFID 2001); „Development, Cooperation and Conflict" (Weltbank 2001); „Report of the UN-Secretary General on the Work of the Organization" (United Nations, 2000).

Dieses Bewusstsein für Ungleichheit erzeugt im Menschen die Überzeugung, dass er in einer ungerechten Welt lebt. Das konformistische Konzept, welches da heißt: „Man ist dazu verdammt, arm zu sein, weil die Welt so ist", genügt dem modernen Menschen nicht mehr. Die Gewaltanstifter nutzen die Gelegenheit, um ihre Reihen zu füllen. In den letzten Jahren haben die Zahl der Protestkundgebungen sowie der Vandalismus, Terrorismus und die Kriminalität zugenommen, weil das Volk die aktuelle Lage verändern möchte, aber das Evangelium nicht kennt. Sie wissen nicht, dass der bewaffnete Kampf nicht die Lösung des Problems ist.

Der Klassenkampf geht weiter. Er hat seinen Ursprung in der Ungerechtigkeit, der Habgier und im allgemein herrschenden Egoismus. Es bleibt aber nicht dabei. Als der Apostel Jakobus über „den Lohn der Arbeiter" spricht, der „schreit, weil er ihnen vorenthalten worden ist", meinte er auch die Streiks und die gewerkschaftlichen Bewegungen.

Während ich diese Zeilen schreibe, gibt es Streiks in Spanien. Das Land ist fast lahmgelegt, weil die Fahrer der öffentlichen Verkehrsmittel Lohnerhöhungen fordern. Der Streik breitet sich auf andere Bereiche aus und betrifft auch die Angestellten der Bestattungsinstitute und die Beamten im Justizministerium.

Auch in Deutschland herrschten vor einiger Zeit chaotische Zustände. Die deutsche Gewerkschaft Verdi hatte angekündigt, ihre Streiks auf unbestimmte Zeit fortzusetzen. Zu Streiks aufgerufen waren Flughafen- und Bahnangestellte. In dieser Zeit wurden in den Straßen der deutschen Hauptstadt viele Verkehrsstaus gemeldet.

In den USA kündigte General Motors aufgrund von Arbeiterstreiks bei einem seiner Hauptzulieferer die Schließung einiger Werke an und drosselte die Produktion in anderen Werken.

Das Gleiche geschah in Brasilien. Die Polizei von Rio de Janeiro legte für bessere Arbeitsbedingungen die Arbeit nieder. In Argentinien forderte die Gewerkschaft der Verkehrsbetriebe Lohnerhöhungen. In Peru kamen die Menschen zu Protesten auf die Straßen, und in Bolivien stellte man Streikposten auf, die in fünf Provinzen den Verkehr lahmlegten.

Tagtäglich ist in den Weltnachrichten von Streiks die Rede. Der Kampf zwischen Kapital und Arbeit wurde vor langer Zeit in der Bibel vorhergesagt. Er ist ein Zeichen der Wiederkunft Jesu Christi.

Und doch werden die Reichen nicht nur aufgrund der Streiks heulen. Die Wirtschaftskrise nähert sich wie ein Gespenst. Die reichen Staaten sind erschrocken. Die USA erleben eine der kritischsten Zeiten in ihrer Geschichte. Der Immobilienmarkt steht quasi still und reißt die Wirtschaft des gesamten Landes mit sich. Die Arbeitslosigkeit nimmt zu und Familien müssen ihre Häuser den Banken zurückgeben, weil sie nicht mehr imstande sind, ihre Darlehen zurückzuzahlen. In einem Versuch, die Auswirkungen der Krise rasch einzudämmen, hat die Federal Reserve (das Zentralbanksystem der USA) neun Mal hintereinander die Zinsen gesenkt. Regierung und Kongress schnüren gerade ein Paket, um die Wirtschaft anzukurbeln. Der Markt gleicht einem schläfrigen Riesen, der erfolglos versucht, sich zu erheben.

Angesichts dieses trüben Bildes fragen sich viele US-Amerikaner voller Verzweiflung: „Was geschieht hier?" Nur wenige wissen, dass dies nur der „Anfang der Wehen" ist. Isaac Joshua, Direktor der Wirtschaftskonferenz an der Universität Paris, hält die wackelige Situation der drei größten Weltwirtschaftsmächte für einen der erschreckendsten Aspekte der Zukunft.[5] Japan in der Rezession, USA an der Schwelle zu einer Rezession und Europa in einem starken Abschwung. Unter diesen Umständen kann die Hypothese einer weltweiten Rezession nicht mehr beiseitegeschoben werden. Sie ist ein finanzieller Tsunami, der alles auf seinem Weg zu zerstören droht. Experten zufolge gäbe es in der aktuellen Lage nur zwei Alternativen: eine kurze und heftige oder eine weniger heftige aber dafür lange Krise. Es gibt keinen Ausweg. Wenn das auf die drei größten Wirtschaftsmächte der Welt zutrifft, kann man sich vorstellen, was mit der Wirtschaft der anderen Entwicklungsländer geschehen würde, die direkt oder indirekt von der stabileren Wirtschaft anderer Länder abhängen.

Wie in jeder riskanten Situation werden die Ärmsten diejenigen sein, die am stärksten betroffen sein werden. Dramatisch? Mit Sicherheit. Aber diese sind wenigstens schon an das Leid gewöhnt. Denk daran, dass ca. 800 Millionen Menschen jeden Abend mit knurrendem Magen schlafen gehen. Denk nun an die Mittelschicht, die zwar immer klagt, aber dennoch immer genug zu essen hat. Denk an die Reichen, die nicht wissen, was Not ist, und

---

5 „Speculation and Collapse: Enough!", *L'Humanité* 27. März 2008.

die sich an ihr Geld als Quelle der Sicherheit klammern. Zweifelsohne werden diese wegen der Reichtümer laut heulen, die ihnen nichts nützen werden und sich innerhalb weniger Minuten in nichts auflösen werden.

Während des Börsencrashs von 1929, der den Wertpapierhandel in den USA erschütterte, gab es Millionäre, die innerhalb kürzester Zeit alles verloren; einige von ihnen nahmen sich das Leben. In den USA brauchte man Jahre, um dieses Trauma zu überwinden.[6]

Geld ist wichtig, aber wenn der Mensch in der Gottesferne lebt, ist er permanent unzufrieden. Reichtum wird zu einer fixen Idee. Der Mensch läuft dem Geld hinterher und klammert sich daran, als wäre es die einzige Quelle für Sicherheit. Es ist Sand, nichts als Sand. Sand, der keinen Bestand hat.

Jesus sagte: „Darum, wer diese meine Rede hört und tut sie, der gleicht einem klugen Mann, der sein Haus auf Fels baute. Als nun ein Platzregen fiel und die Wasser kamen und die Winde wehten und stießen an das Haus, fiel es doch nicht ein; denn es war auf Fels gegründet. Und wer diese meine Rede hört und tut sie nicht, der gleicht einem törichten Mann, der sein Haus auf Sand baute. Als nun ein Platzregen fiel und die Wasser kamen und die Winde wehten und stießen an das Haus, da fiel es ein und sein Fall war groß." (Matthäus 7,24–27)

Es kommen gefährliche Zeiten. Stürmische Zeiten in der Finanzwelt nähern sich der Erde. Die Bibel sagte

---

6 „Wall Street Crash of 1929", http://en.wikipedia.org/wiki/Wall_Street_Crash.

dies voraus. Worauf wird dein Haus gegründet sein, wenn diese Zeiten kommen?

Die Entscheidung liegt bei dir.

KAPITEL 9

Zeichen des Endes

„Und es wird gepredigt werden dies Evangelium vom Reich in der ganzen Welt zum Zeugnis für alle Völker, und dann wird das Ende kommen."

Matthäus 24,14

Die Stimme des Flugbegleiters weckte mich auf. Ich schaute auf die Uhr. Die Zeiger standen auf 6:05 Uhr, Londoner Zeit. In einer halben Stunde würde meine Maschine im Moskauer Flughafen Scheremetjewo landen. Ich kam nach Russland, um eine Evangelisation zu leiten.

Während ich mich bemühte, die russische Hauptstadt von meinem Fenster aus zu erspähen, musste ich an all die Schwierigkeiten denken, die die Menschen zur Zeit der alten Sowjetunion bekamen, wenn sie die Bibel studieren und Gott dienen wollten. Es gab keine Freiheit. Diejenigen, die es wagten, die Gute Nachricht von Jesus zu predigen, riskierten Gefängnisstrafen. Das waren andere Zeiten. Der Fall des Eisernen Vorhangs in Deutschland und die Perestroika von Michail Gorbatschow stießen endgültig Türen auf, damit das Evangelium auf der ganzen Welt gepredigt werden konnte.

Im Jahr 1992 verwirklichte der Pastor und Redner Mark Finley zusammen mit seinem evangelistischen Team vom TV-Programm „It is written" etwas, das als Meilenstein der Evangelisationsverkündigung in die Geschichte eingehen würde. Er leitete eine Evangelisation im Kreml, dem Ort, wo man ehemals Gesetze verabschiedet hatte, um Gott aus dem Leben der Menschen zu verbannen. Fast 3 000 Menschen nahmen Jesus an und ließen sich taufen. Heute fällt der Same des Evangeliums in Russland auf fruchtbaren Boden. Damit erfüllt sich ein weiteres Zeichen der nahenden Wiederkunft Christi: die Verkündigung des Evangeliums auf der ganzen Welt. Wir stehen auch heute noch vor großen Herausforderungen. Es gibt nach wir vor Länder, die noch nichts von der rettenden Botschaft Jesu gehört haben. Vom menschlichen Standpunkt aus betrachtet, erscheint es uns in der aktuellen Lage unmöglich, das Evangelium in diesen Gegenden zu predigen. Wenn wir aber in die jüngere Vergangenheit blicken und daran denken, dass auch Russland ein scheinbar unerreichbares Land war, und dass heute dennoch die Türen offenstehen, haben wir die Sicherheit, dass es keinen Ort auf diesem Planeten geben wird, der vom Evangelium unerreicht bleibt. Die Gemeinde schreitet festen Schrittes voran und erfüllt ihren Auftrag.

In den acht Tagen, die ich in Sibirien verbrachte, spürte ich den geistlichen Hunger der Menschen. Sie hatten den brennenden Wunsch, Gottes Botschaft zu hören. Jeden Abend habe ich gesehen, wie Dutzende von ihnen Jesus als ihren Erlöser annahmen. Ich habe gesehen, wie die verwandelnde Kraft Jesu sie wiederherstellte. Das Ziel des Evangeliums ist es, dem gefallenen Menschen aufzuhelfen und das verlorene Bild Gottes in ihm wiederherzustellen. Der Mensch hat schon immer und an allen Orten das Evangelium benötigt. Wenn es aber eine Zeit in der Weltgeschichte gab, in der die Gute Nachricht von Jesus mit Vollmacht gepredigt werden sollte, so ist das heute der Fall. Niemals zuvor gab es so verzweifelte Menschen, verloren im Schatten ihrer eigenen Vernunft. Niemals zuvor hat der Mensch so intensiv nach dem Sinn des Lebens gesucht und sich dennoch im Dschungel seiner Täuschungen und Fehlentscheidungen verlaufen.

Jesus liebt diese Menschen und möchte sie retten. Er sehnt sich danach, ihnen den Weg zum wahren Glück zu zeigen. Aus diesem Grund möchte er sie erreichen. Ein Zeichen seines baldigen Kommens ist die weltweite Verkündigung des Evangeliums an alle Menschen. „Und es wird gepredigt werden dies Evangelium vom Reich in der ganzen Welt zum Zeugnis für alle Völker, und dann wird das Ende kommen." (Matthäus 24,14)

Gerade in diesem Augenblick, während du diese Seiten liest, sind Millionen von eifrigen Christen dabei, die Gute Nachricht des Evangeliums in den entlegensten Gegenden unseres Planeten zu predigen. Sie sprechen die Menschen persönlich an oder bedienen sich des Radios, Fernsehens oder Internets, sie verteilen Tonnen von Büchern und Zeitschriften, die die biblischen Wahrheiten für unsere Zeit enthalten. Millionen Christen gehen von Tür zu Tür, laden Freunde zu sich ein, um die Botschaft der Hoffnung mit ihnen zu teilen, leiten kleine, mittelgroße und große Evangelisationen, usw. Das Zeichen, das uns Jesus als Beweis für seine baldige Wiederkunft gegeben hat, erfüllt sich auf erstaunliche Weise.

In den letzten Jahren habe ich verschiedene Länder bereist. Ich habe in Sportstadien, im Freien, in Gotteshäusern, angemieteten Sälen, Kinos, Theatersälen usw. gepredigt. Ich konnte mit eigenen Augen sehen, wie sich diese Prophezeiung erfüllt. Ich wurde Zeuge Tausender Taufen von Menschen, die sich der Gemeinde Gottes anschlossen und den Wunsch äußerten, sich auf die Wiederkunft Jesu vorzubereiten.

Nicht nur Jesus nannte die Verkündigung des Evangeliums ein Zeichen der Endzeit. Der Apostel Johannes tat es auch. Er schrieb über dieses Ereignis, als er die Zukunft der Menschheit im Buch der Offenbarung beschrieb.

Im 14. Kapitel der Offenbarung lesen wir Folgendes: „Und ich sah einen anderen Engel fliegen mitten durch den Himmel, der hatte ein ewiges Evangelium zu verkündigen denen, die auf Erden wohnen, allen Nationen und Stämmen und Sprachen und Völkern. Und er sprach mit großer Stimme: Fürchtet Gott und gebt ihm die Ehre; denn die Stunde seines Gerichts ist gekommen! Und betet an den, der gemacht hat Himmel und Erde und Meer und die Wasserquellen!" (Offenbarung 14,6.7)

Der Text sagt, dass das Evangelium, das der Engel predigt, ein ewiges Evangelium ist. Derselbe Gott und dieselbe Botschaft. Wenn es bei Gott weder Veränderung noch den Hauch eines Wechsels gibt, so gilt dieses Prinzip auch für seine Botschaft (Jakobus 1,17). Jesus sagt: „Himmel und Erde werden vergehen; aber meine Worte werden nicht vergehen." (Matthäus 24,35) Daher ist das Evangelium, das die Menschen am Ende der Zeit hören sollen, kein abgewandeltes Evangelium oder etwas, das sich im Laufe der Zeit geändert hat. Das Evangelium von Eden ist dasselbe wie das Evangelium vom Sinai. Die Frohe Botschaft vom Sinai ist dieselbe wie die Botschaft zur Zeit Jesu. Der Meister aus Galiläa predigte dasselbe Evangelium wie später die Apostel. Das Evangelium des Neuen Testaments ist dasselbe wie zur Zeit des Mittelalters und dasselbe wie in unserer sogenannten postmodernen Zeit. Die Gute Nachricht, dass Jesus am Kreuz von Golgatha zur Erlösung der Menschen starb, war, ist und wird bis in alle Ewigkeit dieselbe sein. Das Evangelium ist ewig.

Was ist das Evangelium? Es ist die gute Nachricht der Erlösung. Der Mittelpunkt des Evangeliums ist die Person Jesu Christi und alles, was er für das menschliche Geschlecht tat, tut und tun wird. Es ist eine Botschaft der Vergebung und der Wiederherstellung. Die Menschheit muss diese Botschaft hören. Aus diesem Grund sendet Gott, in einer Zeit des Leides auf unserer Erde, einen Engel, der mitten durch den Himmel fliegt, um diese Botschaft mit außergewöhnlichem Nachdruck zu predigen.

Wer ist nun dieser Engel? Wen stellt er dar? In der Sprache der Prophetie steht ein Engel für einen Boten oder eine Gruppe von Boten.[1] Das bedeutet, dass Gott

---

1 C. Mervyn Maxwell, *Apocalipsis: sus revelaciones* (Buenos Aires: Asociación Casa Editora Sudamericana, 1991), S. 90.

vor der Wiederkunft Christi eine Gruppe von Boten erwecken wird, um der Welt dieses ewige Evangelium zu predigen. Prophetisch betrachtet, sollte diese Gruppe von Boten nach der Verfolgung der Gott ergebenen Gemeinde in Erscheinung treten. Diese Verfolgung sollte 1 260 Jahre dauern und im Jahr 1798 zu Ende gehen.[2]

Die Prophetie spricht davon, dass diese Gruppe von Boten mit „großer Stimme" predigen wird. Es ist eine klare und gut hörbare Botschaft. Eine Botschaft, die manchmal erschreckt. Es ist keine politisch korrekte Botschaft. Sie lässt sich mit der Denkweise der Mehrheit nicht in Einklang bringen.

Die Botschaft beginnt folgendermaßen: „Fürchtet Gott und gebt ihm die Ehre." Warum? Den Grund finden wir in der Tatsache, dass die Botschaft in einer Zeit gepredigt werden soll, in welcher der Mensch die Verehrung des Geschöpfes der Verehrung des Schöpfers vorzieht. Aus diesem Grund betont auch der Engel die wunderbaren Werke Gottes. Es ist nötig, die Souveränität Gottes als Schöpfergott zu betonen. Gott ist unendlich größer als die Dinge, die er erschaffen hat. Er „machte den Himmel und die Erde, das Meer und die Wasserquellen." (Offenbarung 14,7) Eben deswegen soll der Mensch seine Aufmerksamkeit nicht auf die Geschöpfe richten, sondern auf den Schöpfer.

Die Boten, die durch den Engel dargestellt werden, verlangen, dass die Menschen Gott anbeten sollen.

---

[2] Alejandro Bullón, *Tercer milenio* (Buenos Aires: Asociación Casa Editora Sudamericana, 1998), S. 65f.

Sie rechtfertigen diese Forderung mit den Worten „… denn die Stunde seines Gerichts ist gekommen". Die Welt muss dringend die Wege der Abgötterei verlassen und den einzigen und wahren Gott anbeten, denn die Stunde des Gerichts ist gekommen.

Über welches Gericht wird hier gesprochen? Wenn die Christen über das Gericht nachdenken, sehen sie dieses Ereignis in der Regel als etwas Zukünftiges. Sie bringen es mit der Wiederkunft Christi und dem Ende dieser Welt in Verbindung. Aber der Engel sagt, dass die Stunde seines Gerichts *gekommen* ist. Es kann sich folglich nicht um etwas Zukünftiges handeln, sondern um ein Ereignis aus der Vergangenheit und der Gegenwart.

Der Prophet Daniel beschreibt diese Begebenheit wie folgt: „Ich sah, wie Throne aufgestellt wurden, und einer, der uralt war, setzte sich. Sein Kleid war weiß wie Schnee und das Haar auf seinem Haupt rein wie Wolle; … Und von ihm ging aus ein langer feuriger Strahl. Tausendmal Tausende dienten ihm und zehntausendmal Zehntausende standen vor ihm. Das Gericht wurde gehalten und die Bücher wurden aufgetan." (Daniel 7,9.10) Die Bücher wurden aufgetan, wie wir sehen können, um mit dem Gericht zu beginnen. Prophetisch betrachtet geschah dies im Jahr 1844.[3] Wie

---

[3] Roy Gane, *Sin temor al juicio* (Buenos Aires: Asociación Casa Editora Sudamericana, 2006).
Die Mehrheit der Christen übergeht die Tatsache der Existenz dieses Gerichts, und viele, die die Existenz dieses Gerichts anerkennen und die Zeit, in der es gehalten wird, legen seinen Zweck falsch aus. Überzeuge dich selbst durch dieses Buch, fang beim Buch Daniel an und entdecke dort, dass das Gericht, das vor der Wiederkunft Christi stattfindet, zugunsten der Kinder Gottes abgehalten wird.

könnte Jesus bei seiner Wiederkunft den Gerechten ihre Belohnung geben, wenn nicht im Vorfeld jeder einzelne Fall untersucht worden wäre?[4]

Über das Gericht zu sprechen, macht Angst. Über das Gericht nachzudenken, ist uns unangenehm. Die Menschen bringen Gericht mit Zerstörung in Verbindung. Und wenn es tatsächlich Zerstörung bedeutet, wie kann es dann Teil des ewigen Evangeliums sein? Das Evangelium ist doch die „Frohe Botschaft". Es sind keine schlechten Nachrichten, sie sollen doch die Herzen mit Zuversicht und nicht mit Furcht erfüllen.[5]

Um das verstehen zu können, bitte ich dich, dir Folgendes vorzustellen: Jemand hat sich deines Hauses bemächtigt. Beide Parteien ziehen vor Gericht und warten auf das Urteil des Richters. Wer muss sich fürchten, wenn die Stunde des Gerichts gekommen ist? Du, der du dein Eigentum zurückerhalten wirst, oder der Mann, der sich ungerechterweise deines Eigentums bemächtigt hat? Deswegen ist das Gericht eine frohe Kunde für die Gerechten. Für die Gottlosen aber ist es eine Botschaft, die Angst und Verzweiflung verursacht.

In Daniel 7,22 steht geschrieben: „ ... und Recht schaffte den Heiligen des Höchsten."

4 Richard M. Davidson, „*The Good News of Yom Kippur*", Journal of the Adventist Theological Society 2, 1966, S. 4–22. Davidson nennt drei Hauptgründe, warum das Gericht am Ende der Zeiten eine gute Nachricht ist: 1) Es stellt das Evangelium an seinen rechtmäßigen Platz und bringt dem Gläubigen Sicherheit und Verteidigung; 2) es verwirklicht die Reinigung des himmlischen Heiligtums, in dem Christus seinen Dienst versieht; 3) es verteidigt den Charakter Gottes (S. 23).

5 Jacques B. Doukhan, *Secretos de Daniel : Sabiduria y suenos de un príncipe hebreo en el exilio* (Buenos Aires: Asociación Casa Editora Sudamericana, 2007), S. 112f.

Gemäß der Bibel ist das Gericht aus einem einfachen Grund Teil der Erlösungsbotschaft: Als der Herr Jesus über den Heiligen Geist sprach, sagte er: „Und wenn er kommt, wird er der Welt die Augen auftun über die Sünde und über die Gerechtigkeit und über das Gericht." (Johannes 16,8) Hier sind die Teile der vollständigen Botschaft des Evangeliums. Erstens, ich bin ein Sünder, und nichts, was ich aus eigener Kraft tun kann, kann mich von der Verdammnis der Sünde freisprechen. Zweitens, die Gerechtigkeit kommt einzig und allein von Jesus, weil er für mich am Kreuz starb und mir das Geschenk seiner Gnade macht. Drittens, wenn ich heute diese wunderbare Gnade nicht in Anspruch nehme, werde ich im Gerichtsverfahren vor dem göttlichen Gericht Rechenschaft über diese Entscheidung ablegen müssen.

Nach Aussagen der biblischen Prophetie ereigneten sich im Jahr 1844 zwei Ereignisse, die für das Universum von größter Bedeutung sind. Das erste ereignete sich im Himmel. Dort begann das Gericht. Das zweite ereignete sich auf Erden. Gott erweckte eine Gruppe von Boten, die die Botschaft des ewigen Evangeliums predigen, die Stunde des Gerichts verkünden und die Menschheit zur erneuten Anbetung des Schöpfers aufrufen sollen.

Aus dieser Gruppe von Boten besteht die Gemeinde der Übrigen, der Nachkommenschaft der Frau aus der Offenbarung (Offenbarung 12,17). Die Prophetie spricht von einer Gemeinde, die von Gott dazu berufen wurde, dem Menschengeschlecht die letzte Botschaft zu bringen. Der Auftrag dieser Gemeinde ist von großer Dringlichkeit; aus diesem Grund fliegt der Engel.

Die Botschaft dieser Gemeinde ist wichtig; aus diesem Grund spricht der Engel mit lauter Stimme.

Gott hat in den letzten Jahren Türen geöffnet, damit dieser Auftrag erfüllt werden kann und Millionen Menschen die Botschaft des Evangeliums hören konnten. Heute senden Kurzwellensender, von strategisch günstigen Orten aus, 24 Stunden am Tag die frohe Botschaft des Evangeliums in vielen Sprachen und Dialekten in praktisch jeden Winkel der Erde.

Über diese und viele andere Telekommunikationsmedien erreicht die Botschaft des Evangeliums nach und nach Menschen in den entlegensten Gebieten unseres Planeten. Neulich bekam ich den Brief eines Mannes mit folgendem Inhalt: „Pastor, vielleicht werde ich in diesem Leben nie Gelegenheit haben, Sie persönlich zu treffen. Ich wollte mich nur bedanken, weil ich eines Tages über das Radio die frohe Botschaft des Evangeliums kennenlernte, als ich eine Predigt von Ihnen hörte. Zu jener Zeit war meine Familie zerbrochen und ich hatte gerade zwei Selbstmordversuche hinter mir. Ich war an einen Punkt gekommen, an dem mein Leben keinen Sinn mehr hatte. Ich litt unter einer seltsamen inneren Angst, die mich verzweifeln ließ. Ich konnte nicht schlafen. Ich lag nächtelang wach in meinem Bett. Ich hatte schon viele Ärzte und Spezialisten für emotionale Probleme aufgesucht, doch keiner hatte mir helfen können.

Eines Tages schaltete ich im Morgengrauen das Radio ein und hörte Sie predigen. Ich hatte nie an das Evangelium, an Jesus oder an die Bibel geglaubt. Ich war ein Agnostiker. Ein rational denkender Mensch. Ich war der Meinung, Religion sei nur etwas für schwache Menschen, die mit dem christlichen Glauben ihre Schwächen verschleiern. Ich brauchte keine Krücken, um zu leben. Doch plötzlich geriet mein Leben aus den Fugen. Ich fing an, die Lebensfreude zu verlieren. Nichts machte mehr Sinn, und ich versank allmählich in einem Meer aus Angst und Verzweiflung. Bis zu jenem frühen Morgen, an dem ich Sie im Radio hörte. In der Stille und Dunkelheit der Nacht sprach der Heilige Geist mein Herz an, er zeigte mir, wie es in meinem Leben wirklich aussah, und dass ich Jesus brauchte. Ich habe Jesus angenommen und freue mich heute darüber, dass ich diese Frohe Botschaft anderen Menschen weitersagen kann, die Jesus noch nicht kennen. Ich bin ein glücklicher Mensch."

Die Verkündigung des Evangeliums erreicht Schritt für Schritt ihr Ziel: Menschen, die den Sinn des Lebens verloren haben, vom Tode zu erretten. Das Zeichen der baldigen Wiederkunft Jesu erfüllt sich und die Welt wird auf die letzte Ernte vorbereitet.

Bald wird im himmlischen Zeitplan der Zeitpunkt erreicht sein, an dem der Vater zum Sohn sagen wird: „Mach dich auf, meine Erlösten heimzuholen, jene, die an mich geglaubt haben, die bereit waren, ihr Leben zu riskieren, um mir gehorsam zu sein. Ich kann nicht länger sehen, wie sie leiden, ich kann nicht länger ohne sie leben. Die Festtafel ist gedeckt, das Festessen zubereitet. Es fehlen nur noch meine Kinder, geh und bring sie bitte nach Hause."

Wenn dieser Tag kommen wird, wirst du bereit sein, mit Jesus zu gehen?

Die Entscheidung liegt bei dir.

KAPITEL 10

Eine seltsame Verfolgung

„Dann werden sie euch der Bedrängnis preisgeben und euch töten. Und ihr werdet gehasst werden um meines Namens willen von allen Völkern."

Matthäus 24,9

Die Gärten des Palastes waren auf unheimliche Weise mit 240 menschlichen Fackeln erleuchtet. Von seinem Balkon aus betrachtete Kaiser Diokletian zufrieden das Bild des Grauens und des Todes. Als musikalische Untermalung waren die Schmerzensschreie der sterbenden Christen zu hören. Sie wurden als menschliche Fackeln verbrannt. Ihr einziges Verbrechen: ihr Glaube an Jesus Christus und ihr Gehorsam seinem Wort gegenüber.[1]

Wir schreiben das Jahr 305 n. Chr. Zwei Jahre zuvor war Diokletian an die Macht gekommen. Zu Beginn seiner Regentschaft befahl er die Verbrennung aller

---

1 Marta Sordi, *Los cristianos y el Imperio Romano* (Die Christen und das Römische Reich) (Madrid: Ediciones Encuentro, 1998), S. 119–128.

Exemplare der Heiligen Schrift. Kirchen wurden abgerissen. Diejenigen, die sich weigerten, ihren Glauben aufzugeben, wurden getötet. Häuser wurden samt ihren Bewohnern angezündet. Die Geschichtsbücher halten fest, dass der Kaiser ein Denkmal mit folgender Inschrift errichten ließ: „Zu Ehren der Vernichtung des christlichen Aberglaubens". Das war eine der grausamsten Verfolgungen der Geschichte.[2]

Dies ereignete sich in den ersten Jahrhunderten nach Christus. Sie sind traurige Passagen einer Geschichte, an die sich niemand gerne zurückerinnert. Was geschehen ist, ist geschehen, und es wird sich nie mehr wiederholen, nicht wahr? Stimmt nicht! Die Verfolgung flammte im Mittelalter erneut auf. Dieses Mal gab die Kirche selbst den Auftrag, alle christlichen Gruppierungen zu verfolgen, die darauf beharrten, die Bibel zu studieren und ihr als einzigem Maßstab für Glaube und Lehre zu gehorchen. Man nannte sie Ketzer. Sie wurden wegen ihres Gehorsams gegenüber dem Wort Gottes vor Gericht gestellt und getötet (Matthäus 24,9).

Jahrhunderte sind seitdem vergangen. Heute erscheint es uns als sehr unwahrscheinlich, dass jemand aufgrund seiner religiösen Überzeugungen verfolgt werden könnte. Dennoch sagte Jesus klar und deutlich, dass kurz vor seiner Wiederkunft auf die Erde eine Gruppe Christen wegen ihrer Beharrlichkeit, der Bibel und nur der Bibel zu gehorchen, erneut Verfolgung erleiden würde.

---

2 Ramsay MacMullen, *Christianity and Paganism in the Fourth to Eighth Centuries* (New Haven: Yale University Press 1997), S. 1–31.

Im Kapitel über die Naturkatastrophen haben wir die Ankündigung des Herrn Jesus über außergewöhnliche Zeichen an Sonne, Mond und Sternen gelesen. „Aber zu jener Zeit, nach dieser Bedrängnis, wird die Sonne sich verfinstern und der Mond seinen Schein verlieren, und die Sterne werden vom Himmel fallen und die Kräfte der Himmel werden ins Wanken kommen." (Markus 13,24.25) Der Meister sagte, dass dies „nach dieser Bedrängnis" geschehen würde. Über welche Bedrängnis spricht Jesus hier? Er selbst gibt die Antwort: „Dann werden sie euch der Bedrängnis preisgeben und euch töten. Und ihr werdet gehasst werden um meines Namens willen von allen Völkern." (Matthäus 24,9; siehe auch Offenbarung 12)

Wird es also vor Christi Wiederkunft eine Verfolgung geben? Um welche Art Verfolgung wird es sich hierbei handeln? Wodurch wird sie ausgelöst? Niemand, der die Wahrheit liebt, wird dieser Thematik gegenüber gleichgültig bleiben. Es geht hier um das ewige Schicksal der Menschen.

Bevor wir tiefer in dieses Thema einsteigen, sollten wir uns daran erinnern, dass es im Laufe der Geschichte immer einen Feind Gottes gegeben hat, dessen Spezialgebiet die Täuschung ist. Es lag in seiner Absicht, das Menschengeschlecht auf den Weg der Lüge zu führen. Dieser Feind wird in der Bibel als Satan und Teufel bezeichnet (Offenbarung 12,9). Im Buch der Offenbarung wird er als Drache dargestellt (Offenbarung 12,3.9). Der Drache bedient sich der Verführung, um seine Ziele zu erreichen. Es gelingt ihm, durch Lügen viele zu täuschen, wenn es denn möglich wäre sogar „die Auserwählten", wie es Jesus selbst sagte (siehe Offenbarung 17,14). Obwohl Verführung und Täuschung ihm gute Ergebnisse bescheren, gibt es da eine Gruppe Menschen, die die Bibel studieren und sich nicht täuschen lassen. Was macht also der Feind? Er wird über die Maßen zornig und verfolgt sie. Wenn er bei diesen Menschen sein Ziel nicht mit Verführung erreichen kann, wendet er Gewalt an.

Das Buch der Offenbarung spricht über diese Verfolgung und Jesus erwähnt sie als eines der letzten Zeichen vor seiner Wiederkunft auf die Erde. Der Apostel Johannes sah sie in einer Vision: „Und der Drache wurde zornig über die Frau und ging hin, zu kämpfen gegen die Übrigen von ihrem Geschlecht, die Gottes Gebote halten und haben das Zeugnis Jesu." (Offenbarung 12,17) Wer ist diese Frau, die vom Drachen verfolgt wird? Für wen steht sie? In der Bibel symbolisiert die Frau eine Kirche (Offenbarung 12,1; Epheser 5,25–32; 2. Korinther 11,2). Eine reine, weiß gekleidete Frau ist Gottes Gemeinde (Offenbarung 12,1.5); und eine unreine, rot gekleidete Frau ist die Gemeinde des Feindes Gottes (Offenbarung 17).

Die verfolgte Frau ist ein Symbol für die Gemeinde Gottes. Johannes selbst beschreibt sie wie folgt: „Eine Frau mit der Sonne bekleidet, und der Mond unter ihren Füßen und auf ihrem Haupt eine Krone von zwölf Sternen." (Offenbarung 12,1)

Diese Gemeinde ist im Laufe der Weltgeschichte vom Drachen verfolgt worden. Voller Groll bedrängte sie der Feind, weil sie nie an seine Lügen geglaubt hatte. Diese Gemeinde setzte ihr Vertrauen allein auf das Wort Gottes. Selbst Johannes wurde verfolgt und lebte im Exil auf der Insel Patmos, als er das Buch der Offenbarung schrieb: „Ich, Johannes, euer Bruder und Mitgenosse an der Bedrängnis und am Reich und an der Geduld in Jesus, war auf der Insel, die Patmos heißt, um des Wortes Gottes willen und des Zeugnisses von Jesus." (Offenbarung 1,9)

Sieh dir die zwei Gründe für das Exil des Johannes genau an: das Wort Gottes und das Zeugnis Jesu. Diese zwei Gründe könnten tatsächlich in einem einzigen zusammengefasst werden: die Liebe zu Jesus. Wenn du den Herrn liebst, ist es selbstverständlich, dass du seinem Wort treu bist. Und wenn du sein Wort ehrst, wirst du die Lügen und Täuschungen, die der Feind erfindet, nicht annehmen können. Dann fängt der Drache an, diejenigen zu verfolgen, die darauf bestehen, den Lehren der Bibel zu gehorchen.

Die Verfolgung richtet sich nicht gegen Namenschristen. Wenn ich zwar Christ bin, aber die Wahrheit nicht wirklich kenne und die falschen Lehren des Feindes annehme, hat er keinen Grund, mir das Leben schwer zu machen. Er lässt mich in Frieden. Die Verfolgung trifft nur die Menschen, die sich nicht täuschen lassen und die darauf beharren, den Lehren der Bibel zu folgen.

Es ist tragisch zu wissen, dass diese Gruppe im Laufe der Zeit immer kleiner werden wird. Die Mehrheit wird sich für den einfacheren Weg entscheiden. Während die zweite Gruppe immer mehr wachsen wird, wird man anfangen, die Bibeltreuen als radikal, kompromisslos und politisch unkorrekt zu betrachten. In unserer Zeit werden diejenigen Menschen am meisten abgelehnt, die sich nicht politisch korrekt verhalten. Wer wird so bezeichnet? Eine Person, die nicht nachgibt, die sich weigert, ihre Werte nach unten zu korrigieren, bei der die Prinzipien nicht verhandelbar sind. Eine Person, die nicht so denkt wie die Masse und die nicht alles annimmt, was sonst alle akzeptieren.

Die „Starrköpfigkeit" dieses verfolgten Volkes steht in direktem Bezug zu einer Sache, die für die meisten eine dumme Kleinigkeit ist. In Offenbarung 12,17 verfolgt der Drache die Frau sowie die „Übrigen von ihrem Geschlecht", die nur aus einem Grund die Gemeinde der letzten Zeit sind: wegen ihrer Beharrlichkeit, Gott und seinem Wort zu gehorchen. Die Gemeinde der letzten Zeit besitzt zwei Eigenschaften: Sie hält die Gebote Gottes und hat das Zeugnis Jesu (Offenbarung 12,17; 14,12). Es sind dieselben zwei Gründe, warum Johannes nach Patmos ins Exil musste. Treue und Gehorsam gegenüber Gott und seinem Wort.

Heute halten viele die Gebote Gottes für wertlos für die Christenheit. Sie glauben, die Gebote seien ans Kreuz genagelt worden; aus diesem Grund brauche der Christ sie nicht mehr einhalten. Und dennoch werden die Übrigen genau daran erkannt, dass sie darauf bestehen, Jesus treu zu sein und seine Gebote zu befolgen. Es mag wie ein bedeutungsloses Detail erscheinen, doch der Gehorsam gegenüber den ewigen Prinzipien des Wortes Gottes erlaubt keine Kompromisse.

Im dreizehnten Kapitel der Offenbarung wird erneut vom Drachen gesprochen. Hier verleiht der Drache seine Macht einem seltsamen Tier. In der Prophetie steht ein „Tier" für ein Reich oder eine Macht (Daniel 7,16.17). Johannes schreibt, dass diesem Tier „Macht gegeben wurde zu kämpfen mit den Heiligen und sie zu überwinden; und ihm wurde Macht gegeben über alle Stämme, Völker und Sprachen und Nationen." (Offenbarung 13,7)

Hier ist die Macht, die die Heiligen verfolgt. Es handelt sich um eine religiöse Macht. Sie wird von den Menschen angebetet. „Und alle, die auf Erden wohnen, beten es an, deren Namen nicht von Anfang der Welt an geschrieben stehen in dem Lebensbuch des Lammes." (Offenbarung 13,8)

Es ist eine religiöse Macht, die verfolgt. Wen verfolgt sie? Die Heiligen. Wie werden die Heiligen beschrieben? Johannes gibt darauf die Antwort: „Hier ist Geduld der Heiligen! Hier sind, die da halten die Gebote Gottes und den Glauben an Jesus!" (Offenbarung 14,12)

Wir kehren zurück zum Ausgangspunkt. Es sind die Gebote Gottes, die auf dem Spiel stehen.

Gemäß den Worten aus der Offenbarung wird es in den letzten Tagen eine religiöse Macht geben, die große Autorität haben wird. Die große Masse wird diese Macht lieben und respektieren, Fürsten und Könige werden sie ehren und ihr folgen. Diese Macht wird mit eiserner Hand jene verfolgen, die sich weigern, ihre Autorität anzuerkennen und sich ihr unterzuordnen. Wer wird ihre Autorität nicht akzeptieren? Diejenigen, die darauf bestehen, Jesus und seinem Wort die Treue zu halten.

Mehr noch. Die Prophetie spricht auch davon, dass in den letzten Tagen eine politische Macht in Erscheinung treten wird, die die religiöse Macht unterstützen wird, die ihre Autorität vom Drachen erhalten hat. Johannes beschreibt das auf folgende Weise: „Und ich sah ein zweites Tier aufsteigen aus der Erde … und es macht, dass sie allesamt, die Kleinen und Großen, die Reichen und Armen, die Freien und Sklaven, sich ein Zeichen machen an ihre rechte Hand oder an ihre Stirn und dass niemand kaufen oder verkaufen kann, wenn er nicht das Zeichen hat, nämlich den Namen des Tieres oder die Zahl seines Namens." (Offenbarung 13,11–17)

Wovon ist hier die Rede? Es gibt Menschen, die einer schrecklichen Verfolgung ausgesetzt sein werden. Diese Menschen werden ohne das „Zeichen des Tieres" weder kaufen noch verkaufen können. Was ist das Zeichen des Tieres? Um hier zu einer brauchbaren Erklärung kommen zu können, müssen wir zunächst herausfinden, was das „Zeichen Gottes" ist. Wenn es stimmt, dass der Drache seine Anhänger mit einem Zeichen kennzeichnet, müssen wir davon ausgehen, dass Gott mit seinen treuen und gehorsamen Kindern ebenso verfährt. Er nennt sie Heilige.

Johannes schreibt dazu: „Danach sah ich vier Engel stehen an den vier Ecken der Erde, die hielten die vier Winde der Erde fest, damit kein Wind über die Erde blase noch über das Meer noch über irgendeinen Baum." (Offenbarung 7,1) Hier wird von der endgültigen Zerstörung der Erde bei der Wiederkunft Christi gesprochen. Vier Engel halten die zerstörerischen Winde zurück. Mit welcher Absicht geschieht dies? Der nächste Vers gibt die Antwort auf diese Frage: „Und ich sah einen anderen Engel aufsteigen vom Aufgang der Sonne her, der hatte das Siegel des lebendigen Gottes und rief mit großer Stimme zu den vier Engeln, denen Macht gegeben war, der Erde und dem Meer Schaden zu tun: Tut der Erde und dem Meer und den Bäumen keinen Schaden, bis wir versiegeln die Knechte unseres Gottes an ihren Stirnen." (Offenbarung 7,2.3) Beachte, dass der fünfte Engel den vier vorangehenden Engeln sagt, dass sie die endgültige Zerstörung bis zur Versiegelung der Kinder Gottes zurückhalten sollen.

Wir erleben gerade einen der bedeutendsten Zeitabschnitte der Weltgeschichte und viele wissen nichts davon. Ist dir aufgefallen, dass alle, die das Siegel Gottes erhalten, vor der endgültigen Zerstörung bewahrt bleiben? Über die anderen sagt Johannes: „Wenn jemand das Tier anbetet und sein Bild und nimmt das Zeichen an seine Stirn oder an seine Hand, der wird von dem Wein des Zornes Gottes trinken." (Offenbarung 14,9.10)

Im Buch Offenbarung werden zwei Anführer beschrieben. Beide haben ihre Anhänger. Beide markieren ihr Volk mit einem Zeichen. Der Drache drückt das Zeichen des Tieres auf, und Jesus kennzeichnet sein Volk mit dem Siegel Gottes. Was ist das Siegel Gottes? Wenn wir das herausfinden, werden wir verstehen, was das Zeichen des Tieres ist. Ein Siegel dient zur Identifizierung einer Person. Ein Siegel beinhaltet den Namen, das Amt oder die Funktion der Person und ihren Herrschaftsbereich.

Hinter dem Siegel Gottes verbergen sich seine Macht, sein Gesetz und die ewigen Ordnungen der himmlischen Regierung. Hinter dem Zeichen des Tieres verbergen sich ebenfalls die vermeintliche Autorität, die trügerischen Prinzipien und Erlasse des Feindes. Hinter dem Siegel Gottes steht der Wunsch nach Erlösung. Hinter dem Zeichen des Tieres steht die Absicht zu zerstören. Hinter dem Siegel Gottes stehen der Vater, der Sohn und der Heilige Geist; hinter dem Zeichen des Tieres stehen der Drache, das Tier und der falsche Prophet (siehe Offenbarung 16). Die Menschen, die „ihre Kleider gewaschen und hell gemacht haben im Blut des Lammes" (Offenbarung 7,14), erhalten das Siegel Gottes. Dagegen erhalten die Menschen, die die betrügerische Macht anbeten, die sich selbst göttliche Autorität anmaßt, das Zeichen des Tieres.

In der Bibel findet man mehrere Texte, die erklären, was das Siegel Gottes ist. In einem dieser Texte lesen wir Folgendes: „Und meine Sabbate sollt ihr heiligen, dass sie ein Zeichen seien zwischen mir und euch, damit ihr wisst, dass ich, der Herr, euer Gott bin." (Hesekiel 20,20) Nach dieser Aussage Gottes ist der Sabbat das Zeichen des Gehorsams der christlichen Gemeinde. Der Sabbat wurde nicht nur dem Volk Israel gegeben. Er wurde bei der Schöpfung eingesetzt (1. Mose 2,1–3) und vom Volk Israel noch vor der Begegnung am Sinai gehalten (2. Mose 16,23–30). Jesus hat den Sabbat gehalten (Lukas 4,16). Die Apostel haben den Sabbat vor Jesu Tod am Kreuz und auch nach dessen Auferstehung und Himmelfahrt gehalten (Apostelgeschichte 18,1–5). Der Schreiber des Hebräerbriefes sagt: „ … denn so hat er an einer andern Stelle gesprochen vom siebenten

Tag: Und Gott ruhte am siebenten Tag von allen seinen Werken. ... Es ist also noch eine Ruhe vorhanden für das Volk Gottes." (Hebräer 4,4–9)

Der Feind kennt die Bibel. Er weiß, was das Wort Gottes sagt. Er kennt die Wahrheit. Aber er ist ein Lügner von Anfang an und ein Feind der Wahrheit. Was macht er also? Er tarnt die Wahrheit, vermischt sie mit der Lüge und stellt sie mit seiner Methode der Verführung vor. Das Ergebnis hiervon ist: Die Menschen folgen ihm in Scharen nach, sie hören auf ihn und glauben seinen Lehren. Es gibt aber eine Gruppe Menschen, die durch zwei Eigenschaften gekennzeichnet ist: Sie lieben Jesus und halten seine Gebote. Diese Gruppe fällt der Täuschung nicht zum Opfer.

Das wird sie teuer zu stehen kommen. Der Preis des Gehorsams und der Treue gegenüber Jesus und dem Wort Gottes wird sehr hoch sein. Der Drache wird seinen ganzen Zorn gegen diese Menschen entfachen. Mithilfe der religiösen und der politischen Macht wird er die größte religiöse Verfolgung aller Zeiten auslösen. Das ist prophezeit. Es wird sich nicht verhindern lassen. Dies wird ebenfalls ein Zeichen für die nahe bevorstehende Wiederkunft Christi sein. Der Prophet Daniel sagte: „Denn es wird eine Zeit so großer Trübsal sein, wie sie nie gewesen ist, seitdem es Menschen gibt, bis zu jener Zeit." (Daniel 12,1)

Aussagen Jesu zufolge wird diese Verfolgung zeitlich vor den großen Naturphänomenen an Sonne, Mond und Sternen stattfinden. Der Apostel Lukas beschreibt dies wie folgt: „Und es werden geschehen große Erdbeben und hier und dort Hungersnöte und Seuchen; auch werden Schrecknisse und vom Himmel her große Zeichen geschehen. Aber vor diesem allen werden sie Hand an euch legen und euch verfolgen ... und euch vor Könige und Statthalter führen um meines Namens willen. ... Ihr werdet aber verraten werden von Eltern, Brüdern, Verwandten und Freunden; und man wird einige von euch töten. Und ihr werdet gehasst sein von jedermann um meines Namens willen." (Lukas 21,11–17) Wird dir die Reichweite und Grausamkeit dieser Verfolgung bewusst? Brüder werden sich gegen ihre eigenen Brüder stellen; Eltern gegen ihre eigenen Kinder; und Freunde gegen die eigenen Freunde.

Es stimmt zwar, dass Jesus ursprünglich von der Christenverfolgung durch die Römer im ersten Jahrhundert nach Christus sprach, doch es ist genauso richtig, dass sich die Verfolgung am Ende der Weltgeschichte wiederholen wird. Vergiss nicht, dass Jesus die Frage der Jünger beantwortete, die sowohl mit der Zerstörung des Tempels als auch mit dem Ende der Welt zu tun hatte.

Diese letzte Verfolgung wird die größte und grausamste aller Zeiten sein. Unschuldige Menschen werden misshandelt, gedemütigt und ins Gefängnis geworfen, weil sie der vorherrschenden religiösen Macht keinen Gehorsam leisten. Die Kraft wird von der politischen Macht ausgehen; und hinter beiden wird der Drache stecken.

Zurück zum Siegel Gottes. Die Bibel behauptet, es sei der Sabbat. Die entscheidende Frage muss dann lauten: Wenn der Sabbat das Siegel Gottes ist, was steckt dann hinter dem Malzeichen des Tieres? Um dies besser verstehen zu können, kehren wir zum 13. Kapitel im Buch der Offenbarung zurück. Hier ist von einer religiösen Macht die Rede, aber auch von einer politischen Autorität, die „die Bewohner der Erde verführt, durch die Zeichen, die zu tun vor den Augen des Tieres ihm Macht gegeben ist; und sagt denen, die auf Erden wohnen, dass sie ein Bild machen sollen dem Tier ..." (Offenbarung 13,14)

Beachte, dass eine andere symbolische Figur die Szene betritt: das Bild des Tieres. Ein Bild stellt etwas dar oder repräsentiert etwas. Wenn du an die Farben der Flagge deines Landes denkst, wandern deine Gedanken unmittelbar zu deinem Heimatland. Warum ist das so? Weil diese Farben dein Land repräsentieren, sie sind das Bild deines Landes. Das Gleiche geschieht mit jedem beliebigen Land der Erde. Die Flagge mit ihren Farben ist schlicht das Bild des Landes. Hinter der Flagge steht das Land. Wenn also die göttliche Autorität durch ihr eigenes Siegel dargestellt ist und das Siegel Gottes der Sabbat ist, was ist demzufolge das Zeichen, das Siegel, das die Autorität des Feindes Gottes darstellt?

Das ist sehr ernst. In der Bibel gibt es keinen einzigen Text, der uns sagt, dass der Sabbat nicht mehr der wahre Ruhetag ist. Zu einem bestimmten Zeitpunkt in der Geschichte ist jemand erschienen, der von sich behauptete, göttliche Autorität zu besitzen, und der die Befolgung des Sabbats durch die des Sonntags ersetzte. Viele ehrliche Menschen glauben, dass sie den Sonntag halten, weil Jesus an einem Sonntag auferstanden ist. Es stimmt: Die Bibel lehrt, dass Jesus am Sonntag auferstanden ist. Wir finden aber nirgends einen biblischen Text, der behauptet, dass aus diesem Grund der Sabbat aufhörte, heilig zu sein und durch den Sonntag ersetzt wurde.

Der Sonntag hat einen heidnischen Ursprung. In der Antike wurde ihm von den Anbetern der Sonne eine besondere Bedeutung zugesprochen. In der deutschen und englischen Sprache lautet der Name dieses Tages sogar „Sonn-Tag", „Sun-Day", „Tag der Sonne".[3]

Die Einhaltung des Sonntags als Ruhetag durch die christliche Kirche fing erst Jahre nach Jesu Himmelfahrt an. Die Apostel waren bereits verstorben oder starben wenig später. Die Sonntagsheiligung stellte sich schleichend ein. Anfangs, um nicht mit den Juden verwechselt

---

3 Die Kaiser vor Konstantin haben ihre offiziellen Münzen mit dem *Sol Invictus* und der Zeichenerklärung *SOLI INVICTO COMITI* prägen lassen, um auf diese Weise den Sol Invicto als Partner des Kaisers anzurufen. Die Statuetten des *Sol Invictus*, die von Fahnenträgern getragen werden, erscheinen an drei Stellen auf den Reliefs des Konstantinbogens. Die offizielle Münze Kaiser Konstantins trug bis zum Jahr 323 n. Chr. weiterhin die Prägung, die sich auf den *Sol Invictus* bezog.
Am 7. März 321 n. Chr. wurde der Dies Solis, das heißt der Sonntag, von Konstantin durch einen Erlass zum römischen Ruhetag erklärt. (Codex Justinianus 3.12.2):
„Imperator Constantinus. Omnes iudices urbanaeque plebes et artium officia cunctarum venerabili die solis quiescant. Ruri tamen positi agrorum culturae libere licenterque inserviant, quoniam frequenter evenit, ut non alio aptius die frumenta sulcis aut vineae scrobibus commendentur, ne occasione momenti pereat commoditas caelesti provisione concessa."
Zu Deutsch: „Am ehrwürdigen Tag der Sonne sollen die Beamten und die Bewohner der Städte ruhen können und alle Betriebe geschlossen bleiben. Auf dem Land haben die Menschen, die mit Arbeiten in der Landwirtschaft betraut sind, das Recht, auf freiwilliger Basis ihre Arbeit fortzuführen, denn es kommt häufig vor, dass der darauffolgende Tag ungeeignet für die Aussaat oder die Anlage eines Weinberges ist. Es wird nämlich befürchtet, dass man die Gunst des Himmels verlieren könnte, wenn man den günstigen Zeitpunkt für diese Arbeiten verstreichen lässt."

EINE SELTSAME VERFOLGUNG

zu werden. Zu jener Zeit verfolgte Rom die Juden, die für ihre Unabhängigkeit rebelliert hatten. Der Befehl, den das römische Heer damals erhielt, lautete: „Nehmt alle Sabbathalter fest!" Die Juden waren jedoch nicht die einzigen Sabbathalter; die Christen hielten auch den Sabbat. Um Missverständnisse zu vermeiden, fingen einige Christen in dieser Situation an, den Sonntag zu Ehren der Auferstehung Christi zu halten. Allerdings finden wir in der Bibel keine Anordnung, die diese Änderung rechtfertigen würde.[4]

Als sich Kaiser Konstantin im Jahr 331 n. Chr. zum Christentum bekehrte, wurde der Sonntag offiziell als Ruhetag anerkannt. Der Einfluss des heidnischen Kaisers war maßgebend für die Anerkennung des Sonntags als Ruhetag durch die Kirche.

Heute übernimmt die katholische Kirche ohne Umschweife die Verantwortung für die Verlegung des Sabbats auf den Sonntag. Eine offizielle Publikation dieser Kirche sagt Folgendes aus: „Der Sonntag gründet sich nicht auf die Heilige Schrift, sondern auf die Tradition, und er ist eine katholische Institution."[5] Der katholische Katechismus bestätigt es: „Wir halten den Sonntag anstelle des Sabbats, weil die katholische Kirche die Feierlichkeit des Sabbats auf den Sonntag verlegte."[6]

---

[4] Römisch-katholische und protestantische Konfessionen in Bezug auf den Sonntag. www.biblesabbath.org.

[5] *Catholic Record*, 17. Sept. 1892.

[6] *A Doctrinal Catechism*, Ausgabe von 1957, S. 50.

Die römische Kirche beansprucht für sich die Verantwortung des Wechsels vom Sabbat auf den Sonntag. Die Angelegenheit geht aber noch weiter. Wir sehen nur das, was in den Geschichtsbüchern verzeichnet ist. Scheinbar veranlasste die römische Kirche diese Änderung. Die Wirklichkeit sieht jedoch anders aus. Der wahre Urheber dieser Änderung ist der Feind Gottes.

Ein Tag der Anbetung ist nicht unbedingt ein Hinweis dafür, dass dieser Tag besser ist als ein anderer. Es ist nicht einfach eine Angelegenheit von Tagen. Wirklich entscheidend ist, wofür diese Tage stehen. Der siebte Tag gehört Christus. Er ist das Zeichen seiner Macht und Autorität. Er selbst sagte: „So ist der Menschensohn ein Herr auch über den Sabbat." (Markus 2,28) Der Prophet Hesekiel bekräftigt: „Und meine Sabbate sollt ihr heiligen …, damit ihr wisst, dass ich, der Herr, euer Gott bin." (Hesekiel 20,20)

Der erste Tag der Woche als Ruhetag ist eine Erfindung, ein Angriff auf die Autorität Jesu. Die Heiligung des siebenten Tages bedeutet Treue gegenüber Christus, dagegen bedeutet die Heiligung des ersten Tages Untreue gegenüber Jesus. Die Achtung des Sabbats bedeutet, auf den Spuren Jesu zu gehen. Den Sonntag zu halten, bedeutet eine Abweichung von der biblischen Lehre. Der Prophet Hosea fragt: „Wer ist weise, dass er dies versteht, und klug, dass er dies einsieht? Denn die Wege des Herrn sind richtig und die Gerechten wandeln darauf; aber die Übertreter kommen auf ihnen zu Fall." (Hosea 14,10)

Wenn du das Weltpanorama betrachtest, könntest du den Eindruck gewinnen, dass die Verfolgung als ein

Zeichen der Wiederkunft Christi sich nie erfüllen wird. Wer würde es wagen, einen Menschen wegen seines Glaubens zu verfolgen? Wir leben in Zeiten der Freiheit. Niemals zuvor wurden die Menschenrechte so respektiert wie heute, niemals zuvor wurden so viele Bewegungen zugunsten der Minderheiten ins Leben gerufen. Wie ist es möglich, dass jemand verfolgt wird, nur weil er den Sabbat hält? Vom menschlichen Standpunkt aus betrachtet mag es unmöglich erscheinen. Dennoch kündigt die Bibel diese Verfolgung als das letzte Zeichen an, das sehr knapp vor seiner glorreichen Wiederkunft stattfinden wird. Es wird etwas Überraschendes, Unerwartetes sein und entgegen allen menschlichen Vorhersagen geschehen. Diese Verfolgung wird aber real sein.

Macht dir das Angst? Du brauchst keine Angst zu haben. Der Herr Jesus wird seine treuen Kinder beschützen. Lies diese wunderbare Verheißung über seine unendliche Obhut und Sorge für dich: „Er gibt dem Müden Kraft, und Stärke genug dem Unvermögenden. Männer werden müde und matt, und Jünglinge straucheln und fallen; aber die auf den Herrn harren, kriegen neue Kraft, dass sie auffahren mit Flügeln wie Adler, dass sie laufen und nicht matt werden, dass sie wandeln und nicht müde werden." (Jesaja 40,29–31)

Weißt du, was Gott noch für dich tun wird, außer dir Schutz und Kraft zu geben? Lies, was er selbst sagt: „Denn es wird dann eine große Bedrängnis sein, wie sie nicht gewesen ist vom Anfang der Welt bis jetzt und auch nicht wieder werden wird. Und wenn diese Tage nicht verkürzt würden, so würde kein Mensch selig werden; aber um der Auserwählten willen werden diese Tage verkürzt." (Matthäus 24,21.22) Gott verspricht dir, die Zeit in den letzten Tagen der Geschichte zu verkürzen, mit der Absicht, das Leid, das sich dem Volk Gottes naht, zu verringern.

Alle Zeichen der Wiederkunft Christi haben sich bis jetzt erfüllt. Dieses Zeichen wird sich ebenfalls erfüllen, auch wenn es dir noch so unwahrscheinlich und unglaublich erscheinen mag. Wo wirst du sein, wenn die Verfolgung kommt? Zu welcher der beiden Gruppen wirst du gehören? Wirst du zu den Verfolgern oder den Verfolgten gehören?

Die Entscheidung liegt bei dir.

KAPITEL 11

Hoffnung am Horizont

„Von dem Tage aber und von der Stunde weiß niemand, auch die Engel im Himmel nicht, auch der Sohn nicht, sondern allein der Vater. Denn wie es in den Tagen Noahs war, so wird auch sein das Kommen des Menschensohns. Denn wie sie waren in den Tagen vor der Sintflut – sie aßen, sie tranken, sie heirateten und ließen sich heiraten bis an den Tag, an dem Noah in die Arche hineinging; und sie beachteten es nicht, bis die Sintflut kam und raffte sie alle dahin –, so wird es auch sein beim Kommen des Menschensohns."

Matthäus 24,36-39

Wir waren neun Geschwister. Papa arbeitete in den Minen und kam alle zwei Wochen nach Hause. Vor seiner Abreise gab er uns eine Liste mit den Aufgaben, die bei seiner Rückkehr erledigt sein mussten. Es waren tägliche Aufgaben, aber wir schoben alles bis zum letzten Tag auf. Als dieser Tag dann kam, teilten wir uns die Aufgaben auf und erledigten sie binnen weniger Stunden. Papa war bei seiner Rückkehr gerührt.

Er dachte, er hätte wunderbare und gehorsame Kinder. Er täuschte sich.

Eines Tages ereignete sich ein Unfall in den Minen. Die Arbeiter wurden beurlaubt und nach Hause geschickt, sodass er früher als geplant zurückkehrte. Zu seiner Überraschung entdeckte er die traurige Wahrheit. Die geliebten Kinder waren nicht so wunderbar, wie er dachte.

Es handelt sich hier nur um eine Geschichte, und mein Vater ist nur ein Mensch. Er hatte nicht die Fähigkeit, in das Herz seiner Kinder zu sehen. Gott ist Gott. Bei ihm sehen die Dinge anders aus.

Viele Menschen fragen sich, warum Jesus nicht den genauen Tag seiner Wiederkunft bekannt gab. Ich glaube, der Grund liegt in der Natur des menschlichen Herzens. Würden wir den genauen Tag kennen, würden wir seine Ratschläge für unser Leben nicht befolgen. Wenn nur noch wenige Tage fehlen würden, dann erst würden wir unser Leben ändern und versuchen, uns vorzubereiten, um mit ihm zu gehen. Das wäre nicht gut für den Menschen. Deshalb fügte Jesus den Überraschungsfaktor ein. Er selbst sagte: „Von dem Tage aber und von der Stunde weiß niemand, auch die Engel im Himmel nicht, auch der Sohn nicht, sondern allein der Vater." (Matthäus 24,36)

Als Jesus von seiner Wiederkunft sprach, sagte er, dass es so sein würde wie zu den Tagen Noahs: „Denn wie es in den Tagen Noahs war, so wird auch sein das Kommen des Menschensohns. Denn wie sie waren in den Tagen vor der Sintflut – sie aßen, sie tranken, sie heirateten und ließen sich heiraten bis an den Tag, an dem Noah in die Arche hineinging; und sie beachteten es nicht, bis die Sintflut kam und raffte sie alle dahin –, so wird es auch sein beim Kommen des Menschensohns." (Matthäus 24,37-39)

Es ist nichts Verwerfliches zu heiraten. Die Tatsache, dass Menschen heiraten, kann nicht als ein Zeichen der Wiederkunft Christi gedeutet werden. Das zentrale Thema ist die überraschende Wiederkunft Jesu. Alle werden in ihrer täglichen Routine leben. Wenige Menschen werden auf die Zeichen der Zeit achtgeben. So war es zu den Tagen Noahs. Die Menschen waren so mit ihrem täglichen Leben beschäftigt, dass sie keine Zeit für Gott hatten. Als Noah zu predigen begann, dass der Weltuntergang durch eine Sintflut kommen würde, glaubte ihm kein Mensch. Sie dachten, er sei verrückt geworden. Sie verspotteten ihn.

Die Botschaft Noahs kündigte die Sintflut an. Die Botschaft war keineswegs angenehm und zuweilen lächerlich. Warum hätte man auch daran glauben sollen? Bis zu jenem Zeitpunkt war noch nie ein einziger Regentropfen auf die Erde gefallen. Die Erde brachte Früchte hervor, denn „ein Nebel stieg von der Erde auf und befeuchtete alles Land." (1. Mose 2,6)

Noahs Botschaft war nicht populär. Sie war nicht leicht zu akzeptieren. Die biblische Botschaft hört sich für den postmodernen Menschen seltsam an. Vielleicht sogar lächerlich. Einige halten sie für sinnlos. „... das Wort vom Kreuz ist eine Torheit denen, die verloren werden; uns aber, die wir selig werden, ist's eine Gotteskraft." (1. Korinther 1,18)

Noah predigte 120 Jahre lang. Am Anfang glaubten viele an seine Botschaft. Vielleicht halfen einige beim

Bau der Arche mit. Vielleicht spendeten andere Geld und Material, um zur Erfüllung des Auftrags, den Noah erhalten hatte, beizutragen. Doch die Sintflut kam nicht. Es sah nicht nach Regen aus. Die damaligen Gelehrten bekräftigten, dass es von ihrem Standpunkt aus „unmöglich" sei, dass Wasser vom Himmel falle.

Die 120 Jahre vergingen. Keiner glaubte an die Sintflut. Die einzigen, die vorbereitet waren und in die Arche gingen, waren Noah, seine Frau und seine drei Söhne und deren Frauen. Sonst niemand. Wo waren alle, die am Anfang geglaubt hatten? Sie waren mutlos geworden. Die Zeit hatte die Flamme der Hoffnung in ihren Herzen ausgelöscht.

Eines Tages, als niemand glaubte, dass etwas Außergewöhnliches geschehen könnte, an einem Tag wie jedem anderen, einem Tag, an dem alle mit dem Gedanken aufgestanden waren, dass es sich nur um einen weiteren Arbeitstag handeln würde, geschah etwas Außergewöhnliches. Zu Beginn hatte man den Eindruck, das Leben gehe seinen normalen Gang. Die Menschen aßen und tranken, heirateten und ließen sich heiraten. Es war ein ruhiger Tag, an dem die Sonne von einem strahlend blauen Himmel herab schien. Es war nur ein weiterer Tag.

Plötzlich war etwas Seltsames am Himmel zu sehen. Eine Wolke. Eine kleine Wolke, die immer größer wurde. Die Wolke war dunkel, wie die Traurigkeit. Sie wuchs und wirkte furchteinflößend, sie breitete sich über den ganzen Himmel aus. Zum ersten Mal hörte man ein Krachen, das man Donner nennt. Lichtpfeile bohrten sich in den dunklen Himmel. Alle erinnerten sich an

Noah und an die „verrückte Idee" der Arche. Alle liefen zur Arche. Alle schrien um Hilfe, doch ein Engel hatte die Tür der Arche verschlossen, und kein menschliches Wesen konnte sie öffnen. Die Bibel bestätigt: „... und sie beachteten es nicht, bis die Sintflut kam und raffte sie alle dahin, so wird es auch sein beim Kommen des Menschensohns." (Matthäus 24,39)

Fällt dir auf, dass der Text die mangelnde Vorbereitung des Menschen auf dieses Ereignis betont? Vor der Sintflut waren die Menschen nicht vorbereitet; und wenn Christus wiederkommt, werden sie auch nicht vorbereitet sein.

Der Apostel Petrus behauptet, dass der Spott der Ungläubigen sich in den letzten Tagen wiederholen wird: „Ihr sollt vor allem wissen, dass in den letzten Tagen Spötter kommen werden, die ihren Spott treiben, ihren eigenen Begierden nachgehen und sagen: Wo bleibt die Verheißung seines Kommens? Denn nachdem die Väter entschlafen sind, bleibt es alles, wie es von Anfang der Schöpfung gewesen ist." (2. Petrus 3,3.4) Menschen, die spotten werden. Menschen, für die nichts Außergewöhnliches geschehen wird. Sie denken, dass sich nichts verändern wird. Sie werden die Menschen, die an die Wiederkunft Christi glauben, als Wesen von einem anderen Stern betrachten.

In den nächsten Versen versucht Petrus, die vermeintliche Verzögerung zu erklären: „Eins aber sei euch nicht verborgen, ihr Lieben, dass ein Tag vor dem Herrn wie tausend Jahre ist und tausend Jahre wie ein Tag. Der Herr verzögert nicht die Verheißung, wie es einige für eine Verzögerung halten; sondern er hat Geduld mit euch und will nicht, dass jemand verloren werde, sondern dass jedermann zur Buße finde." (2. Petrus 3,8.9)

Zwei Gedanken werden in dieser Behauptung des Petrus hervorgehoben. Erstens die Kürze des menschlichen Lebens. Wie lange kann der langlebigste Mensch unserer Zeit leben? In den Bergen Russlands entdeckte man einen 126-jährigen Mann, und in Japan starb ein Mann mit 113 Jahren.[1] Was sind schon 126 Jahre im Vergleich zur Ewigkeit Gottes? Jesus verzögert also nicht sein Kommen. Das Leben des Menschen dauert eine Tausendstelsekunde im Vergleich zur Zeitrechnung Gottes.

Der zweite Gedanke betrifft die unendliche Gnade Gottes. Er liebt die Menschen. Wenn alles von seiner Liebe abhinge, würden alle errettet werden; erlöst zu sein, fordert jedoch eine persönliche Entscheidung. Niemand kann sich einmischen. Gott schuf Mann und Frau als freie Wesen. Er lässt ihnen die Wahl. In seinem Wort hat er die beiden Möglichkeiten deutlich aufgezeigt. Die Entscheidung treffen müssen die Menschen aber selbst.

Die Tatsache, dass Gott den Menschen liebt und viel Geduld mit ihm hat, bedeutet aber nicht, dass er nicht wiederkommen wird. „Es wird aber des Herrn Tag kommen wie ein Dieb; dann werden die Himmel zergehen mit großem Krachen; die Elemente aber werden vor Hitze schmelzen, und die Erde und die Werke, die darauf sind, werden ihr Urteil finden." (2. Petrus 3,10)

Hier finden wir erneut den Überraschungsfaktor. Kein Dieb kündigt den Tag und die Stunde des Dieb-

---

1 www.ipcdigital.com

stahls an. Petrus vergleicht das Kommen Christi mit der Überraschungstat eines Diebes. Der Gegenstand des Vergleichs ist die Überraschung.

Jesus möchte, dass seine Kinder immer bereit sind. Deswegen sagte er: „Hütet euch aber, dass eure Herzen nicht beschwert werden mit Fressen und Saufen und mit täglichen Sorgen und dieser Tag nicht plötzlich über euch komme wie ein Fallstrick; denn er wird über alle kommen, die auf der ganzen Erde wohnen. So seid allezeit wach und betet, dass ihr stark werdet, zu entfliehen diesem allen, was geschehen soll, und zu stehen vor dem Menschensohn." (Lukas 21,34–36)

Vor einiger Zeit sprach ich mit einer Person, die nicht mit der Bibel vertraut war. Wir saßen in einem Flugzeug und das Gespräch wandte sich existenziellen Fragen zu. Jeder sprach über seine eigenen Ideen in Bezug auf das Leben. Ich erzählte ihm, dass ich an die Wiederkunft Christi und an die Wiederherstellung seines ewigen Reiches glaube.

„Ich ziehe es vor, im Hier und Jetzt zu leben", sagte er mir. „Der Himmel ist sehr abstrakt und liegt weit in der Zukunft. Ich weiß nicht, ob ich am Leben sein werde, wenn dieser Tag kommt."

Der Mann, der mit mir sprach, ist der typische Mensch unserer Zeit. Er denkt nur an das Hier und Jetzt. Seiner Meinung nach lohnt es sich nicht, an den Himmel zu denken, während hier auf Erden ständig interessante Dinge geschehen.

„Das Leben ist so kurz", schloss er, „dass man keine Zeit an utopische Erwartungen verschwenden kann. Man muss realistisch sein."

Muss man realistisch sein? Dann erlaube mir, die Illustration eines anderen Autors zu verwenden. Nehmen wir an, wir leben schon 100 Jahre und kommen an das Ende unseres Lebens. Wir entdecken, dass mein Gesprächspartner recht hatte. Es gibt keinen Himmel. Das Kommen Christi ist eine Utopie. Es gibt kein ewiges Leben, wenn Jesus wiederkommt. Nichts. Was hätte ich verloren, wenn nichts davon existiert? Nichts, absolut nichts. Weil es nichts gibt. Stellen wir uns aber vor, dass wir am Ende unseres Lebens entdecken, dass die Bibel recht hatte. Der Himmel ist real, das ewige Leben ist Realität, ebenso die Tatsache, dass Christus kommt, um diejenigen, die sich darauf vorbereitet haben, mitzunehmen. Nun ja, mein Freund aus dem Flugzeug hätte alles verloren. So einfach ist das. Aber genauso real und wahr.

Bald wird der Tag kommen, an dem wir, so wie jeden Tag, aufwachen werden, um unsere täglichen Arbeiten zu verrichten. In den Fabriken werden die Arbeiter gerade dabei sein, ihre Aufträge auszuführen. In den Schulen werden die Schüler, so wie immer, lernen. Die Freizeiteinrichtungen werden voll sein. Menschen werden dabei sein, Gutes oder Schlechtes zu tun. Sie werden, wie jeden Tag, ihren Träumen hinterherlaufen. Nichts Ungewöhnliches. Alles beim Alten. So wie in den Tagen Noahs.

Plötzlich wird am Himmel eine weiße Wolke erscheinen. Innerhalb von Sekunden wird die Wolke an Größe zunehmen. Die Erde wird in ihren Grundfesten erschüttert werden. Der Apostel Johannes beschreibt die Szene folgendermaßen: „... da geschah ein großes Erdbeben, und die Sonne wurde finster wie ein schwarzer Sack, und der ganze Mond wurde wie Blut, und die Sterne des Himmels fielen auf die Erde, wie ein Feigenbaum seine Feigen abwirft, wenn er von starkem Wind bewegt wird. Und der Himmel wich wie eine Schriftrolle, die zusammengerollt wird, und alle Berge und Inseln wurden wegbewegt von ihrem Ort. Und die Könige auf Erden und die Großen und die Obersten und die Reichen und die Gewaltigen und alle Sklaven und alle Freien verbargen sich in den Klüften und Felsen der Berge und sprachen zu den Bergen und Felsen: Fallt über uns und verbergt uns vor dem Angesicht dessen, der auf dem Thron sitzt, und vor dem Zorn des Lammes! Denn es ist gekommen der große Tag ihres Zorns und wer kann bestehen?" (Offenbarung 6,12–17)

Während viele Menschen in Angst und Schrecken umherlaufen, werden alle, die an sein Kommen geglaubt und sich vorbereitet haben, ihre Arme erheben und sagen: „Siehe, das ist unser Gott, auf den wir hofften, dass er uns helfe. Das ist der Herr, auf den wir hofften; lasst uns jubeln und fröhlich sein über sein Heil." (Jesaja 25,9)

Ein kalter Morgen des Jahres 1942. In einem Konzentrationslager erblickt ein junger Mann durch den Stacheldrahtzaun ein Mädchen. Das Mädchen ist so schön wie das Licht der Sonne. Die junge Frau sieht ihn auch und ihr Herz macht einen Luftsprung. Sie möchte ihm ihre Gefühle zeigen und wirft ihm einen roten Apfel über den Stacheldrahtzaun zu. Der Apfel bringt ihm Leben, Hoffnung und Liebe. Der junge Mann hebt den Apfel auf, und ein Lichtstrahl erleuchtet seine dunkle Welt. Der junge Mann schläft nicht in jener Nacht. Er erinnert sich an das engelsgleiche Antlitz und das schüchterne Lächeln des Mädchens.

Am nächsten Tag möchte er das Mädchen unbedingt wiedersehen. Er nähert sich erneut dem Stacheldrahtzaun, und zu seiner Überraschung sieht er das Mädchen wieder. Das Mädchen wartet auf die geheimnisvolle Ankunft des jungen Mannes, der sein Herz berührt hat. Dort steht es mit einem anderen roten Apfel in der Hand.

Es ist sehr kalt. Der eisige Wind hört sich wie ein trauriges Wehklagen an. Und dennoch erwärmt die Liebe zwei Herzen, während der Apfel den Stacheldrahtzaun überquert.

Die Szene wiederholt sich an mehreren Tagen. Zwei junge Menschen auf verschiedenen Seiten des Zauns suchen sich gegenseitig. Nur für einen Moment. Nur, um zärtliche Blicke auszutauschen. Die Begegnung ist wie eine flackernde Flamme. Das unerklärliche Gefühl beider Menschen ist der Brennstoff.

Eines Tages sagt der Junge traurig:

„Bring mir morgen keinen Apfel mit. Ich werde nicht mehr hier sein; sie schicken mich in ein anderes Konzentrationslager."

An jenem Nachmittag geht der Junge mit gebrochenem Herzen weg. Vielleicht sieht er das Mädchen nie wieder.

In Zeiten der Trauer erscheint von diesem Tag an vor seinem inneren Auge das Bild jenes lieben Mädchens. Seine Augen, die wenigen Worte, der rote Apfel. Für ihn ist es wie ein Funken Freude inmitten unendlicher Traurigkeit. Seine Familie kommt im Krieg um. Sein Leben hängt an einem seidenen Faden, doch in Zeiten schwerster Not bringt ihm das Bild des Mädchens mit dem schüchternen Lächeln Freude, Trost und Hoffnung.

Jahre vergehen. Eines Tages lernen sich zwei erwachsene Menschen in einem Restaurant in den Vereinigten Staaten zufällig kennen. Sie erzählen aus ihrem Leben. Sie sprechen über glückliche Begegnungen und Enttäuschungen.

„Wo warst du während des Krieges?", fragt die Frau.

„Ich war in einem Konzentrationslager in Deutschland", antwortet der Mann.

„Ich erinnere mich, dass ich einem Jungen, der auch im Konzentrationslager war, Äpfel über den Stacheldrahtzaun zuwarf", erinnert sie sich.

Der Mann stammelt völlig ergriffen:

„Und sagte dir dieser Junge eines Tages: ‚Bring mir morgen keinen Apfel mit. Ich werde nicht mehr hier sein; sie schicken mich in ein anderes Konzentrationslager'?"

„Ja! Aber wie kannst du das wissen?"

Er sieht ihr in die Augen, wie man einen Stern ansieht, und sagt:

„Ich war dieser Junge."

Stille. So viele Erinnerungen, so viel Sehnsucht, so viel Freude darüber, sie wiederzusehen. Die Stimme droht ihm zu versagen, doch er spricht weiter:

„An jenem Tag haben sie mich von dir getrennt, aber ich habe nie die Hoffnung aufgegeben, dich eines Tages wiederzusehen. Möchtest du mich heiraten?"

Während sie sich innig umarmen, flüstert sie ihm zu:

„Ja, tausend Mal ja!"[2]

---

[2] Obwohl sich herausgestellt hat, dass die Geschichte erfunden ist, illustriert sie doch das menschliche Verlangen nach Hoffnung – Hoffnung, die nur Christus und seine Wiederkunft erfüllen können.

Die Welt ist eine Frucht, die reif zur Ernte ist. Christus wird der Geschichte der Sünde ein Ende bereiten. Er kommt zurück, um dich mitzunehmen. Er kommt zurück, um dir zu sagen, dass er nie die Hoffnung aufgegeben hat, dich wiederzusehen. Im Himmel gibt es einen Platz für dich; er wird leer sein, wenn du nicht da bist. Du bist das Kostbarste, das Jesus auf Erden hat. So wie du bist, mit deiner Freude und Trauer. Mit deinen Kämpfen und Konflikten. Mit deinen Erfolgen und Misserfolgen. Du bist sehr wichtig für Jesus. Aus diesem Grund kam er und starb für dich auf Golgatha, und er wird wiederkommen, um dich mitzunehmen. Bist du bereit?

Die Entscheidung liegt bei dir.

ABC-MEDIEN BUCHEMPFEHLUNGEN

Eine Brücke über die Zeit

Warum feiern die meisten Christen den Sonntag als Ruhetag, während manche das am Samstag tun? In diesem Buch wird diese Frage in eine spannende Geschichte verpackt: Alex, der neue Angestellte in der Firma, geht zu seinem Chef, weil er samstags frei haben will. Sein Chef ist irritiert und es entspinnt sich eine interessante Diskussion.

Autor: **Dan M. Appel**
Titel: **Eine Brücke über die Zeit**
Preis: **2,99 €**
Format: **11 x 18 cm** (Paperback, 126 Seiten)

Zu beziehen bei **Adventist Book Center** (www.adventistbookcenter.at)
& **Top Life-Wegweiser Verlag** (www.toplife-center.com)

ABC-MEDIEN BUCHEMPFEHLUNGEN

Gott hat versprochen

Jeder von uns braucht ermutigende und tröstende Worte. In diesem Büchlein finden sich einige kurze Texte und Gedanken, die unser Denken in eine positive Richtung lenken wollen. Sie bestätigen die Gewissheit, die jeder Mensch auch im finsteren Tal haben darf: Gott hat etwas versprochen, und er hält auch, was er verspricht.

Autor: **Ellen G. White**
Titel: **Gott hat versprochen**
Preis: **3,00 €**
Format: **11 x 18 cm** (Paperback, 94 Seiten)

Zu beziehen bei **Adventist Book Center** (www.adventistbookcenter.at)
& **Top Life-Wegweiser Verlag** (www.toplife-center.com)

ABC-MEDIEN BUCHEMPFEHLUNGEN

Vom Schatten zum Licht

Dieses Buch liefert einen eindrucksvollen Abriss der Geschichte des christlichen Abendlandes. Mit prophetischem Scharfblick werden die tieferen Zusammenhänge im langen Kampf zwischen Wahrheit und Irrtum aufgedeckt. Blut und Tränen sind jedoch kein unabwendbares Schicksal. Die Autorin weitet den Horizont und blickt bis zum großen Tag der Wiederkunft Jesu, wo alles Leid für immer vorbei sein wird.

Autor: **Ellen G. White**
Titel: **Vom Schatten zum Licht (Der große Kampf)**
Preis: **7,00 €**
Format: **14 x 21 cm** (Paperback, 704 Seiten)

Zu beziehen bei **Adventist Book Center** (www.adventistbookcenter.at)
& **Top Life-Wegweiser Verlag** (www.toplife-center.com)